CW01024398

Marcel Detienne

L'identité nationale, une énigme

Gallimard

Dans la même collection

Les jardins d'Adonis. La mythologie des parfums et des aromates en Grèce, *n° 149*

Les dieux d'Orphée, *n° 150*

Une version légèrement différente a paru originellement aux Éditions du Panama, en 2008, sous le titre : *Où est le mystère de l'identité nationale ?*

Anthropologue comparatiste, Marcel Detienne pratique l'analyse anthropologique et comparée des mythes et des sociétés (Johns Hopkins University & École des Hautes Études, sections des sciences religieuses, Sorbonne).

Dans une proclamation de 1610, Jacques Ier se plaint de ce que plus rien «n'est maintenant épargné par la recherche», ni «les plus grands mystères de la Divinité», ni «les mystères les plus profonds tenant à la personne ou à l'état de Roi et de Princes qui sont des Dieux sur terre», et que des hommes incompétents «puissent librement patauger avec leurs écrits dans les plus profonds mystères de la monarchie et du gouvernement politique».

ERNST H. KANTOROWICZ,
*Mourir pour la patrie**

* Trad. de l'américain et de l'allemand par Laurent Mayali et Anton Schütz, Paris, PUF, 1984, p. 81.

Chapitre premier

ENTREVOIR

L'identité nationale, énigme ou mystère ? La question se pose, et dans la cour des grands. Évoquer un mystère à propos de l'identité nationale semble étrange, et je veux m'en expliquer sans attendre. C'était en 2002, à l'occasion de la réception d'un académicien historien par un autre, chargé, comme il est d'usage, de lui répondre.

S'adressant à Pierre Nora, René Rémond, venu lui aussi des sciences politiques, le félicite d'avoir bâti une œuvre autour d'une question majeure : la singularité de la nation française, et d'avoir été habité si longtemps par une interrogation anxieuse sur « le mystère des identités nationales[1]* ». En 2007, une nation qui fait partie de l'Europe, comme tant d'autres, décide de créer un ministère de l'Identité nationale.

* Les notes sont réunies en fin de volume, p. 161.

Intrigué par l'emploi du mot « mystère », d'autant plus que, confusément, il me semblait pertinent, je me suis demandé comment il convenait de l'entendre. S'agissait-il, comme l'indique *Le Robert*, de « cérémonies en l'honneur d'une divinité accessible aux seuls initiés » ? D'évidence, non, sans quoi l'auteur du discours sous la Coupole aurait parlé de la nation au lieu de l'identité nationale. En pareille circonstance, « mystère » ne semble pas davantage avoir de connotation chrétienne qui désignerait comme un secret dans le domaine de la foi ; ne parlait-on pas autrefois du « mystère de la Trinité » ou, à propos de l'office catholique de la messe, du « Saint Mystère » ? Il y aurait alors dans le national un je-ne-sais-quoi d'inexplicable pour la raison humaine, celle de l'historien qui est aussi la nôtre.

Sans préjuger de la signification que lui assignait l'orateur en ce moment de grande émotion (ne parle-t-il pas du « trait de génie » du nouvel académicien ?), il n'est pas impossible que ce terme de « mystère » veuille indiquer quelque chose de profond, de caché et d'obscur qui serait au cœur de l'« identité nationale », en soi — dirions-nous.

Quant à la pertinence de la formule, je tiens, en lecteur attentif, qu'elle éclaire très directement la complexité d'une notion comme celle d'identité dont chacun, singulièrement en

Europe aujourd'hui, reconnaît immédiatement qu'elle évoque l'idée de « nationalité ». Une idée, souvent objectivée par une carte très matérielle, identifiant un individu, qu'il soit d'Italie, d'Allemagne ou de France, une « personne » sentie comme plus ou moins inséparable d'une culture, d'une histoire, voire d'une mission ou d'un destin.

Il semble que les notions d'identité et de nation, pour familières qu'elles soient, contiennent en elles une complexité et une richesse conceptuelles qui devraient éveiller la curiosité intellectuelle des anthropologues et des historiens pour lesquels les mots, les croyances et les représentations partagées posent des problèmes et font naître des questions d'intérêt général. Par exemple, avant d'y revenir plus longuement, pourquoi des êtres humains s'attachent-ils à certaines croyances ou idées plutôt qu'à d'autres ?

IDENTITÉ

Aujourd'hui, l'identité paraît tellement obvie que ne pas en avoir, ou n'en rien savoir, ne pourrait être que le fait d'un sot ou d'un étourdi. Le détour par l'analyse des mots est peut-être le raccourci le plus sûr pour commencer à dessiner une première configuration de l'identité autant que de la nation. Un dictionnaire intelligent comme *Le Robert* dévoile en quelques lignes la double signification de ce que recouvre le mot « identité », comme équivalent de la « même chose » ou de « mêmeté », en plus abstrait.

La première signification est de jurisprudence et de droit ; elle conduit vers l'objet matériel, appelé « carte d'identité » en certaines provinces de l'Europe. Tandis que la seconde valeur sémantique évoque la conscience qu'une personne a d'elle-même, ce que c'est que d'être soi, en somme le sentiment d'identité personnelle d'un individu contemporain, pressé au quotidien de cultiver l'identité du soi le plus « personnalisé ».

Il n'est pas indispensable d'être né avant la Seconde Guerre mondiale pour savoir ce que veut dire l'interpellation « vos papiers ! », en Europe, avec ou sans frontières nationales. « Identité » renvoie, *Le Robert* insiste, à la reconnaissance d'une personne en état d'arrestation, d'un prisonnier évadé, d'un cadavre… C'est un mot technique de la médecine légale entre le vif et le mort, entre « être identifié » et, par exemple, s'identifier à soi ou à un autre, voire à autre chose à venir, qui sait ? Il est bon pour le vivant de ne pas oublier qu'il y a « identité » quand un squelette est soumis à l'examen des services de la police judiciaire pour savoir s'il est bien celui de tel individu, distinct de tous les autres.

À ce stade de l'enquête, il n'est nul besoin de relever les indices qui permettraient de connaître quelle conscience cette « personne » a eue d'elle-même. L'identité physique soumise à identification nous semble brutale et grossière ; elle est cependant première et fondamentale, quelles que soient les sophistications technologiques. C'est elle qui fait loi quand il s'agit d'établir ce que nous appelons la « nationalité », qu'elle soit ou non une composante de la « personne ».

NATION

Il en va de la « nation » comme de l'identité. L'idée en est à la fois simple et riche en plis, en arrangement de plis. Nation s'origine dans naître et naissance, laquelle réclame un lieu et un agent créateur. L'Indigène ou le Natif font écho à l'Autochtone comme famille, race et lignée se déclinent entre elles.

En concurrence avec gent et race, nation désigne un ensemble d'êtres humains caractérisé par une communauté d'origine, de langue et de culture. En 1668, La Fontaine parle de la nation des belettes, qui est une race animale, comme aujourd'hui l'on pourrait dire la gent historienne.

Il est intéressant de noter que la nation peut aussi désigner une colonie de marchands en pays étranger. Au XVIIIe siècle, la nation-naissance indigène s'affirme en personne juridique constituée par un ensemble d'individus. Le 23 juillet 1789, par exemple, elle s'incarnera dans le Tiers État, tout en étant hypostasiée en « souveraineté », à la place de la royauté. Certes, la nation ne peut se confondre avec ce que l'État entend être. Elle implique en effet une espèce de spontanéité, essentielle à la force du Peuple, avec ses sentiments et ses passions.

On le voit déjà, les plis du mot « nation » sont nombreux et ils se déploient selon les différentes manières de « faire du national », en Assemblée qui se dit constituante, avec treize colonies comme celles de l'Amérique initiale sans jamais parler de nation, et, surtout, en mobilisant ici et là de riches sentiments, parfois qualifiés de « primordiaux », comme les liens à un lieu de naissance ou d'origine, à un milieu parfois dessiné par des ancêtres, ou encore à un paysage unique, façonné par des morts, qu'ils soient grands ou non. On parle volontiers d'« attachement à une terre, une maison, un village, une petite patrie » pour expliquer l'engagement national, tout ce qui relève de l'imaginaire collectif à l'entour du statut de citoyen, selon qu'il est défini à tel moment de l'histoire, en accord avec telle forme de l'État-nation ou de la nation en devenir d'État. Le national peut être léger comme il l'est devenu en Italie ou en Allemagne ; il se fait lourd et pesant ailleurs, comme en France ou en Pologne, par exemple.

Disons de suite qu'il serait présomptueux d'assigner à la nation — et dans ce cas ce serait à son essence — une connivence étroite avec l'avènement des sociétés industrielles, sous prétexte qu'elles sécrètent l'anonymat de tous les citoyens et imposent l'apprentissage scolaire d'une culture fortement centralisée et diffusée à travers un langage normalisé. Si la « conscience nationale » se fait parfois « volonté générale », elle ne surgit pas de la décision singulière de l'État, elle se façonne, souvent lentement, grâce à un *enseignement d'histoire* et par référence à un ensemble de traditions, d'autant plus savantes qu'elles se disent populaires.

L'histoire « nationale », hier et aujourd'hui, est, on le sait, un genre narratif très prisé et fort efficace pour donner forme et contenu à de l'« identité nationale ». Nous y reviendrons longuement, car c'est, dans l'Europe contemporaine, le royaume de nos plus riches « mythidéologies ».

HISTOIRE/ANTHROPOLOGIE

Une configuration complexe de représentations, d'images et d'idées, voilà ce que pourrait être ce que les académiciens évoqués appellent le « mystère de l'identité nationale ». Dans cette hypothèse, il est permis d'en déployer les composantes, et, pour ce faire, je voudrais suggérer une approche mobilisant à la fois l'anthropologie et l'histoire. Deux savoirs également curieux de connaître les sociétés humaines, mais parfois encore méfiants dans leurs relations intellectuelles et culturelles. Ne viennent-ils pas d'horizons différents depuis la fin du XIXᵉ siècle ? Commençons simplement par les façons dont historiens et anthropologues délimitent en général leurs compétences respectives.

D'après le philosophe qui a beaucoup réfléchi sur ce qu'il appelle « l'opération historiographique », le métier d'historien serait de proposer un récit « vrai » afin de se représenter « au mieux » le passé[2]. Un passé séparé du présent et qui, en principe, impose de croire qu'il y a des discontinuités et des différences dans le temps. Le changement a été longtemps l'objet patenté du savoir des historiens avant qu'ils ne fassent connaître explicitement leur qualité d'héritiers, de vivants « affectés », souvent plus que moins,

par le passé. Tantôt en insistant sur une sorte de
dette envers les morts, et il faudra y revenir afin
de comprendre ce que représente le genre « histoire nationale » ; tantôt en souhaitant tirer de
l'étude du passé et de certains de ses objets des
instruments critiques qui pourraient être utiles
à l'étude de notre société. Un rapport critique
entre la connaissance du passé et le présent
n'exclut pas d'office d'être affecté par le passé,
surtout si ce passé n'est pas neutre, mais appartient à l'historien agissant en tel ou tel lieu, ou
milieu[3].

Qu'en est-il de l'anthropologie, si nous voulons retenir les traits qui pourraient la caracté-
riser à son tour ? Longtemps, l'anthropologie,
qu'elle fût physique, culturelle ou sociale, a
semblé posséder un domaine réservé : les groupes
humains situés en dehors de l'univers propre à
ceux qui, à la fin du XVIIIe siècle, se nommaient
les Observateurs de l'Homme. Avec déjà l'ambition d'en savoir plus sur l'espèce humaine en
général. L'objet de l'anthropologie a été jusqu'au début du XXe siècle : les Autres, rassemblés
sous l'appellation très contrôlée de Peuples de
la Nature, ou celle de Primitifs, voire de Sauvages.
Vaste ensemble de sociétés et de cultures qui
ont parfois fusionné dans la catégorie de l'Altérité, si floue et vite condamnée à être interrogée
sur l'impossible relation globale entre « eux » et

nous, même avec le recours à toute une panoplie de différences.

À tant de fâcheux usages de l'Autre et de l'Altérité, il me semble préférable d'opposer que l'anthropologie, depuis ses premières analyses et expériences, s'est donné comme objet privilégié la variabilité des cultures ou des civilisations produites et inventées par l'espèce humaine au cours de son histoire biologique.

Le passé en soi, croyance qui a nourri ce qui s'est appelé l'historicisme (et nous en étudierons l'impact en parlant d'«historicité»), n'a jamais captivé la curiosité du savoir anthropologique. En revanche, les anthropologues, depuis leurs premiers essais, ont vigoureusement défendu une approche comparative autant qu'une mise en perspective des cultures entre elles[4]. J'aime à rappeler qu'un des buts majeurs de l'anthropologie, c'est d'«amener un groupe de gens à prendre [un peu] conscience [d'une partie] de la manière dont vit un autre, et, par là, [d'une part] de la sienne[5]».

Chemin faisant, et pour mieux *nous* mettre en perspective nous-mêmes, ici et là, il a été salutaire de découvrir que la matière du texte anthropologique — car l'anthropologie, cela s'écrit — est aussi structure narrative, comme le récit historique et historien, c'est-à-dire que les deux savoirs, l'anthropologie et l'histoire, sont également marqués par de la rhétorique, par des contextes politiques et sociaux ainsi que par le genre dans lequel se pense l'analyse ou l'observation. Le regard d'un Observateur de l'Homme est aussi déterminé et construit que celui d'un Historien de la Nation ou de n'importe qui observe et regarde.

On l'admettra sans peine : les anthropologues se sentent moins les héritiers de leur seul passé. Ils semblent davantage préparés à comparer ainsi qu'à poser des problèmes généraux, comme les relations variables entre les êtres humains, les formes de parenté, les fondements du « politique », les modalités du croire, autant que la genèse d'une série de concepts.

CONSTRUIRE
CE QUE L'ON VEUT COMPARER

Plutôt que de « comparer ce qui est comparable », formule vide longtemps reprise par plus d'un, il convient de *construire* des analogies efficaces d'une discipline ou d'un domaine de pensée à l'autre, comme l'a fait l'anthropologie, avec succès. Toutefois, ce que le savoir anthropologique apporte de plus précieux dans les sciences humaines, c'est l'art de mettre en per-

spective des figures et des configurations *disso-
nantes*, c'est-à-dire des manières radicalement
différentes de penser et de se représenter ce qui
semble faire partie du « sens commun ». Par
exemple, « avoir une identité » ou une « nationalité ». Et c'est là le propos de ce livre, qui
voudrait en termes simples mettre en perspective
des fictions du passé ou du présent, comme
le pur Celte de Padanie (en Italie), l'Hindou-
hindouiste à racines védiques (dans l'Inde
contemporaine), le Japonais né de la terre des
dieux avec sa volonté d'être autochtone, à côté
de l'Allemand historial d'hier, de l'Athénien
pur rejet de la Terre autochtone, du Français de
souche à nouveau raciné, et du *native* — « citoyen
de souche » américain.

Pour mieux entrevoir comment la notion
d'identité a servi de socle à tant de représentations du national, je crois bon d'expliciter
quelques hypothèses d'interprétation.

Première hypothèse : la culture, au sens anthropologique, serait de la « similarité » entre
les pensées de différentes personnes. Deuxième
hypothèse : il y aurait dans toute culture — et
d'abord en tant qu'elle relève du « sens commun » — certains « schémas conceptuels », à la
fois plus stables et plus riches émotionnellement[6]. Deux qualités qui pourraient favoriser
une « similarité » plus forte entre les pensées
individuelles de personnes en société.

Dans l'Europe telle qu'elle est depuis la fin du XVIe siècle, un de ces concepts stables serait celui d'individu ou de personne, plus précisément, à partir du XIXe siècle, l'individu-agent qui est dans l'histoire et qui la fait, cette histoire, dans un lieu crédité de la capacité de se reproduire lui-même (il nous faudra donc explorer la catégorie d'historicité). En somme, toujours sur le mode hypothétique, il y aurait une similarité, une « mêmeté » qui se déploie autour de la naissance inévitable pour tout être humain : naître de son propre lieu, en être le produit et l'agent, et, pourquoi pas ?, être l'agent de sa propre histoire à l'échelle collective tout en s'affirmant comme acteur singulier reconnu en sa qualité de personne, unique sans aucun doute.

Hypothèses à mettre en débat et à l'épreuve d'un cheminement ainsi balisé, mais qui conduiraient à penser que pareil « schéma conceptuel » ou, si l'on préfère, une telle « unité culturelle » serait assez puissante pour s'autoreproduire comme si elle était née d'elle-même, et même à l'identique. Ajoutons qu'un tel « schéma conceptuel », à la fois facile à mémoriser et à communiquer, pourrait dans certaines circonstances (politiques, sociales, économiques) jouir d'une grande richesse émotionnelle. De quoi laisser entrevoir pour la petite « identité » la promesse d'un temps à venir de bel éclat.

Chapitre II

LES MÉTAMORPHOSES
DE L'AUTOCHTONIE
AU TEMPS DE L'IDENTITÉ
NATIONALE

Être le même, être identique à soi n'est pas un besoin vital pour chaque être humain. Il n'est pas impossible de trouver des sociétés où parler d'identité, voire de mêmeté, créerait la surprise. Une tradition européenne nous a familiarisés avec des mots comme « natif » ou « né », « pays » ou « indigène ». Ne l'est-on pas si l'on habite depuis longtemps dans une région, même si « indigène » exhale encore aujourd'hui un parfum de colonisation ? Avec « autochtone », on risque franchement de dépayser en certaines parties de l'Europe, alors que c'est un bon vieux mot du temps de Rabelais, qui aimait parler grec autant que latin. Autochtone, pour le dire simplement, c'est un mot indigène surgi en plusieurs villages-cités de la Grèce ancienne pour s'affirmer « né de la terre même », la terre même habitée par celui ou celle qui est ainsi qualifié(e). En son dictionnaire, toujours de bon aloi, Littré suggère qu'autochtone, à la différence d'indigène, évoque que l'on est du cru, du terroir comme la vigne ou le vin.

Aujourd'hui, l'idée l'autochtonie fait retour, elle est d'actualité. On le sait sans doute.

Depuis le 29 juin 2006, le Conseil des droits de l'homme a adopté la «Déclaration sur les droits des peuples *autochtones*[1] ». Elle a été débattue par l'Assemblée générale de l'ONU à New York, qui vient finalement de l'adopter. Mille deux cents peuples autochtones se voient ainsi reconnus dans leurs droits malgré le refus des États-Unis et de la France, pour des raisons différentes. Laissons l'Amérique pour l'instant et considérons la France et son héritage grec.

Autochtone a dû attendre 1835 pour obtenir un permis de séjour, purement linguistique, sur le territoire français, malgré un pedigree pur athénien et l'autorité de l'hellénisme. «Autochtone» ne fera jamais de l'ombre au mot «raciné», le Français *raciné* de Maurice Barrès, resté lui-même assez confidentiel. À leur tour, raciner, enraciner feront pâle figure devant le triomphant «de souche», cultivé par la Droite et son Extrême.

EN GRÈCE ANCIENNE,
CE QUE VEUT DIRE « AUTOCHTONE »

Déployer un champ sémantique, c'est-à-dire l'ensemble des significations qui auréolent un mot, cela peut aider à *monnayer*, à inventorier une notion aussi riche et lointainement ancrée que celle d'autochtonie, désormais mondialement reconnue. Un peu d'histoire ne peut nuire, ni à ceux qui se disent « autochtones » ni à ceux qui leur contestent ce droit.

« Autochtone », en grec, semble avoir été inventé, avec des dizaines, des centaines d'autres vocables, par Eschyle lorsqu'il composait une de ses très nombreuses tragédies. Ce qui veut dire que c'est, à Athènes, un mot tout neuf pour une oreille grecque lorsqu'il résonne aux environs de 450 avant notre ère. Belle trouvaille pour dire « qui naît de la terre même » où, vraisemblablement, le « Je suis autochtone » va devenir rapidement celui des Athéniens en chœur. Cinquante ans plus tôt, notons-le, Athènes est une cité grecque comme une autre, avec un « Premier-Né », de même taille que partout ailleurs. À la suite des guerres menées contre les Mèdes et les Perses, Athènes sera victime d'une poussée d'hypertrophie du moi, en direction d'un « Nous, les Athéniens ».

Même si notre information est souvent clair-semée, l'occasion est bonne pour voir comment peut croître et prendre racine une petite mythologie mêlée d'idéologie avouée. Une institution locale, du cru, semble lui avoir servi de terreau : vers le milieu du ve siècle, les bonnes gens d'Athènes, ou plutôt les intellectuels du cercle de Périclès (ce n'est qu'une hypothèse) imaginent de faire prononcer devant les cercueils alignés de leurs « morts-à-la-guerre » un discours, une oraison en forme d'éloge de la cité, la leur. Cité si admirable qu'elle est par excellence « née d'elle-même », *autochtone*. L'idée est forte et promise à un avenir radieux. En Attique, toutefois, elle dure un siècle à peine ; mais Barrès, le Maurice Barrès de Lorraine et de France-Alsace, lui donnera une deuxième vie, à la fin du xixe siècle, avec la formule mémorable et à méditer encore : pour faire une nation, pour forger la « conscience nationale », il faut « des cimetières et un enseignement d'histoire ». Nous allons y revenir.

Quel est donc le contenu des oraisons funèbres ? Elles relèvent à Athènes et dans la Grèce du ve siècle d'un genre baptisé « Archéologie » ou « Discours sur les Commencements » (*archai*) qui deviennent aisément les Principes et les Valeurs. Voici donc comment les orateurs officiels-en-pompes-funèbres brossent en trois coups de pinceau le portrait de l'aborigène d'Athènes.

Le premier calligraphie : « Nous sommes les autochtones, nés de la terre même d'où nous vous parlons » — vous, bien sûr, famille, concitoyens, mais aussi vous, les métèques, au sens grec, vous qui habitez à côté (métèques, parèques...), ainsi que vous, les Étrangers conviés à la cérémonie. Les Bons Autochtones, c'est Nous, sortis d'une terre dont les habitants sont restés identiques, « les mêmes », depuis les origines (doc. 1*). Sans discontinuité. Un Français de souche entendra : Hugues Capet ou le bon Dagobert (doc. 2). Une terre que nos Ancêtres nous ont transmise. Héritage, hérédité, le passé en ligne directe (ill. 1 & 2).

Deuxième trait du même pinceau : les Autres ? Toutes les autres cités sont faites d'immigrés, elles sont composées d'étrangers, de gens venus d'ailleurs, du dehors. D'évidence, leurs descendants ne peuvent être appelés que « métèques », ce qui, sans être totalement méprisant, ne semble auréolé d'aucun prestige notable. Donc, en dehors d'Athènes, les choses sont claires et limpides : il n'y a que des cités composites, hybrides — monde interlope de villes avec un ramassis de toutes les couleurs. Seuls les Athéniens, et bientôt les vrais, c'est-à-dire nés de père et de mère athéniens, seuls les Athéniens authentiques (autre mot grec) sont de purs autochtones.

* Les documents sont réunis dans les annexes, p. 149.

« Pur », car sans mélange, sans alliage de non-autochtones.

« Sans mélange », c'est en effet la formule qui sonne haut et fort dans un dialogue de Platon, le *Ménexène*, une oraison funèbre en forme de pastiche et plus vraie que les fades compositions académiques récitées avant et après lui. Notre cité éprouve une haine « pure » (*katharos*), sans mélange, pour la gent étrangère — ainsi que l'affirme la voix mélodieuse d'Aspasie, une Aspasie-Socrate, la compagne « étrangère » de Périclès, invitée à prononcer l'oraison funèbre l'année fictive du *Ménexène* composé par Platon, qui avait sa conception propre de l'authenticité.

Pour goûter les saveurs de cette nouvelle représentation d'une « historicité » accommodée par une lignée d'Orateurs en oraisons funèbres, il faut rappeler aux Étrangers dont nous faisons partie que, un siècle plus tôt à peine, l'Attique, terre pauvre et déshéritée, était un lieu choisi d'asile et un pays accueillant pour les immigrés. Au début du VIe siècle, Solon avait pris des mesures législatives pour attirer tous ceux qui avaient un métier et souhaitaient résider en Attique[2].

EN AUSTRALIE,
DEVENIR ABORIGÈNE

Je l'ai dit en commençant : l'Indigène ou le Natif vont de pair avec l'Autochtone dont on a reconnu la dignité. Comparer, c'est mettre en perspective, faire deux pas de côté et se demander ce qu'est l'Autochtone d'Athènes en regard d'un *Aborigène* d'ailleurs. Cette fois, le mot est latin et désigne d'abord « les habitants prélatins de l'Italie », comme dit *Le Robert*. L'approche comparative est toujours plus vive pour qui aime voyager. Allons donc dans une autre partie du monde, dans le sillage des sujets de Sa Majesté britannique. Ils disposent d'excellents navires, ils contrôlent une grande partie des mers et des océans. Un beau jour, c'était en 1788, ils plantent leur drapeau sur la terre aujourd'hui appelée l'Australie. Sur les rivages de la Nouvelle-Galles du Sud, les voilà qui installent leur colonie pénale. Les découvreurs d'une expédition antérieure n'avaient observé à la longue-vue que de petits groupes éparpillés d'évidents sauvages. Pas de rassemblement conséquent, aucune trace d'agriculture, et les Anglais savent combien un propriétaire aime cultiver sa terre. Aucune trace d'élevage, ni de commerce ni de routes indispensables. Une seule conclusion possible : il s'agit d'une terre bien connue dans les cabinets savants comme une *terra nullius* — qui n'appartient à personne. Les indigènes disséminés de la Nouvelle-Galles du Sud, ainsi nommée à leur insu, seront baptisés *aborigènes* (*ab-*, depuis l'origine), ce qui est dangereux étymologiquement. On connaît mieux la suite. Depuis l'affaire de 1981, les Australiens récrivent l'histoire de l'Australie, leurs avocats négocient avec les avocats des autochtones qui ne vivent plus depuis longtemps ni de chasse ni de cueillette. Les Britanniques de 1788, malgré leur longue-vue, n'avaient pu ni voir ni deviner que les aborigènes du cru étaient l'une des races les plus fanatiquement attachées au sol où ils étaient nés. Mais autrement attachés que dans la campagne anglaise. Sur chaque territoire de ladite Australie, des individus possèdent en propre des lieux, reconnus comme sacrés, qu'ils transmettent à leurs descendants. Des lieux d'identité, diraient certains un peu précipitamment. Autres sociétés, autres propriétaires, et autres liens avec la terre. Aujourd'hui, devant les tribunaux et la Haute Cour, la question est âprement débattue : le lien à la terre, s'il est de « type » religieux et non un titre de « propriété » (au sens des notaires), est-ce encore un lien ? Histoire à suivre, et des anthropologues s'affairent à l'écrire avec des juristes et tous les ayants droit.

Qu'est-ce qu'un droit « primordial » sur des

terres que «possèdent» depuis deux cents ans
des colons à l'entour d'une colonie pénale?
Singulier terrain d'observation où se pressent, je
voudrais les y inviter, les autochtones d'Athènes,
les historiens de souche européenne et les
nativistes américains : naissance au forceps de
l'aboriginalité. Les natifs primordiaux doivent
démontrer leur lien à la terre par les généalogies,
les coutumes et les institutions.

Être «autochtone» en Australie où l'on est
aborigène est infiniment moins simple que dans
l'Athènes du v\ siècle où il suffisait de l'entendre
dire et de se le répéter avant de manger la soupe du
soir. Autre temps, autres mœurs, on connaît la
chanson. Oui, qu'est-ce que la nation australienne?
En voilà une réellement en crise. Là-bas, des historiens du cru écrivent une histoire qui débute
résolument il y a 60 000 ans, selon les témoignages
de la paléontologie et des archéologues[3].

Il est peu vraisemblable que les mille deux
cents peuples autochtones de la Déclaration de
l'ONU aient eu connaissance de l'autoprocla-
mation funèbre des gens d'Athènes, en leur
autochtonie à la fois locale et bonne pour un
Occident lointain. Il est très vraisemblable, au
contraire, que la plupart d'entre eux, fussent-ils
d'authentiques aborigènes, seraient surpris de
découvrir qu'un groupe d'hommes pourrait
être *le même*, né de la terre même, dans une sorte
d'identité abstraite qui n'aurait nul besoin de se

fonder sur ce qui semble aujourd'hui le plus désirable, à savoir une «identité nationale ou ethnico-nationale». Les ethnologues en quête de terrains ont depuis longtemps reconnu la richesse d'un gisement où la modernité d'une identité de papier se nourrit de l'archaïsme d'un récit d'origine en devenir d'histoire, de récit historique. Mettre ces représentations en perspective dans le temps et dans l'espace conduit à comprendre combien la plupart de nos évidences en matière d'identité sont étranges et improbables pour qui se décide à les considérer d'ailleurs, et souvent du plus loin.

Un et indivisible, comme nous l'espérons, l'individu ne surgit pas doté du privilège d'être identique à soi afin de s'accomplir dans la possession d'une «identité nationale» définitive. Il y a là une longue histoire dont je voudrais retenir quelques bribes sur la trajectoire de ce que nous avons pris l'habitude d'appeler la «personne»

AU FIL DE L'IDENTITÉ, LA PERSONNE

Le fil de l'identité est double, je l'ai rappelé en suivant *Le Robert*. Il est tissé de jurisprudence,

de médecine légale, d'enquête policière, d'une
part, et, de l'autre, de la conscience de soi, de
tout ce qui fait d'une existence individuelle un
être volontiers qualifié d'unique en tant que
« personne ». Deux ou trois repères dans une
histoire gréco-latine et surtout chrétienne suf-
fisent à découvrir l'étrangeté de ce que signifie
la « personne » dans les sociétés de type occidental. « Personne » vient du latin *persona*, sujet
de droit au ive siècle de notre ère, mais la notion
est déjà emportée dans les débats tumultueux
de la Trinité, des trois personnes où, à travers la
catégorie grecque de *prosôpon*, masque et face,
s'affrontent les frères ennemis d'une théologie
christique.

Au moment où s'impose à l'échelle d'un empire le faisceau de croyances d'une secte parmi
d'autres, une petite mythologie, dite de l'Incarnation, va conduire à faire savoir que le Verbe
(*Logos*), c'est-à-dire le Christ en sa qualité de Fils,
se distingue du Père, appelé Dieu le Père, en
tant que « personne », au sens de *limitation*, une
limitation qui porte un nom et revêt ainsi la
« face » du Père, voué à rester l'innommable
en son infinité. Peu nous importe que ledit
Christ du catholicisme romain ait été le résultat
de l'union du Verbe de Dieu et de l'humanité
individuelle. Ce qui doit retenir l'attention dans
la perspective conceptuelle choisie par ce livre,
c'est que s'expérimentent en ces débats théolo-

giques les définitions de ce qu'est une *limite,* une façon de *circonscrire,* une approche de l'*individuel* avec de l'*absolu,* l'absolu qui prend forme dans la tradition appelée aujourd'hui judéo-chrétienne (ill. 1 & 2).

Entre le sujet de droit et la question de la nature humaine, le savoir des anthropologues ne peut ignorer la tradition élaborée par les Pères de l'Église, ainsi qu'on les désigne. Certes, le IIIᵉ siècle de notre ère avec ses disputes nous semble fort éloigné de l'autochtonie d'Athènes ainsi que des exigences contemporaines d'identité culturelle ou patrimoniale. Arrêtons-nous pourtant encore un instant sur les propositions défendues par Origène au cours du IIIᵉ siècle, lorsqu'il affirme contre les philosophes grecs que l'ordre du monde n'est pas premier, mais que ce sont les « personnes » individuelles, toutes créées égales et revêtues d'un corps plus ou moins pesant, selon les péchés commis dans une existence antérieure. Une mythologie qui en vaut bien une autre, mais dont nous avons appris qu'elle avait eu beaucoup de succès : un dieu, le dieu d'Origène, veut le salut des âmes individualisées par le corps, et ce dieu est *celui* de l'Ancien Testament et de sa Genèse, revu ou à nouveau révélé par le Nouveau Testament.

CHUTE, GRÂCE, PÉCHÉ

Si nous voulons comprendre combien est singulière la chose matérielle que nous appelons « carte d'identité » dans certaines parties de l'Europe, il faut prendre en considération, dans la même tradition, les débats autour du péché et de la grâce, c'est-à-dire la définition de la nature humaine, en soi. Débats que pour simplifier nous pouvons ramener à l'affrontement alors très vif entre Augustin et Pélage, cette fois au IVe siècle de notre ère. Deux propositions contrastées : pour Augustin, la notion de personne est fondamentalement marquée par le « péché originel » ; c'est la faute de l'*individuation* qui fait le malheur de l'homme. L'individuation, il faut y insister, surgit originellement comme la maladie de l'âme. Tandis que pour Pélage — le grand vaincu, hélas ! diront certains, de ce débat — l'humanité de la créature « corps et âme » n'est pas marquée au fer rouge de la faute originelle : l'individu est bel et bien doué d'autonomie et de liberté ; il jouit d'un libre arbitre ; il dispose d'un vouloir, d'un champ de responsabilité ; par sa capacité d'action — et c'est essentiel sur le versant occidental —, il échappe à la doctrine, au dogme de la *mort* comme conséquence du *péché*, d'une faiblesse morale héritée d'une faute première. Nous devrons y revenir quand il sera question de l'historicité, du sens de l'histoire, ou simplement d'être dans l'histoire. Pour l'heure, notons qu'il s'agit d'un grand débat qui s'ouvre sur le choix d'un genre de vie, par-delà le cadre mythologique et théologique d'une tradition dont on voit combien elle est étrange. Une tradition que va bâtir en matériaux de cathédrale l'Église du Moyen Âge, en charge pour de longs siècles du gouvernement des âmes et des hommes. Avec un temps fort, celui du *droit canon* du xiie siècle, qui définit l'homme de la foi chrétienne comme une *persona*, personne marquée par la singularité, par la continuité et l'identité, la « mêmeté », dans la continuité.

DES SOCIÉTÉS SANS « PERSONNE »

Si le droit canon doit paraître exotique à beaucoup de ceux qui peuvent encore se reconnaître dans sa définition de la personne, c'est en se déplaçant en direction de l'Inde que le comparatisme commence à faire réfléchir sur les concepts et les catégories de notre sens commun. L'Inde où de bons observateurs ont dénoncé de longue date l'absence de l'individu et la présence d'une autre notion de la personne, en particulier dans le bouddhisme. Selon la doctrine de la transmigration, entre l'être et ses manifestations empiriques, en ses corps multiples, entre l'être et ses actes, il n'y a pas de lien essentiel. L'Inde impose la pluralité et l'instabilité des formes, sous le règne de l'illusion créatrice, la *mâya*. Quant à la délivrance qui est le vecteur de la transmigration, elle est *métempirique*; son terme est le *nirvâna*, l'extinction, qui est sans forme, sans contenu, sans mouvement. Derrière la diversité des êtres, il y a l'unité de l'Être, le *Brahman* absolu. Quelle place peut-il y avoir pour un agent, source de ses actes, dans une pensée tournée vers un Absolu radicalement impersonnel ?

Un même brutal dépaysement pourrait être obtenu en allant vers les sociétés africaines où la « personne » éclate en une série de composantes, matérielles ou non (chair, sang, sperme ou souffle et ombre), transmissibles ou non, mais tantôt reliées à un ensemble de représentations mythiques, tantôt intégrées à des rituels et à des institutions qui déterminent la place de chacun dans des sociétés souvent plus complexes qu'elles ne nous paraissent. Pour nous mettre à distance de la « personne » ou de l'« individu » de notre expérience immédiate, il est fort utile de faire la connaissance de sociétés contemporaines des nôtres, où le statut de « personne » n'est approché qu'à travers des moments sociaux (sevrage, mariage) et des actions rituelles (les différents degrés d'initiation), et où, davantage, il n'est pleinement atteint qu'au moment où l'individu rejoint la Communauté des ancêtres. Les sociétés à masque où l'identité est sans cesse en devenir ignorent le soi, le sujet ou l'*ipséité* du moi qui, pour nous, signifie le maintien de soi à travers les changements d'intention et revendique, avec la promesse ou le serment, une haute valeur éthique[4].

Toute tradition a une histoire qui est faite de discontinuités, et, si nous avons le sentiment de mieux les connaître dans l'histoire que nous nous sommes donnée, ce n'est sans doute qu'une approximation parmi d'autres. Avec cette réserve, et pour indiquer encore deux ou trois repères en direction de notre sens commun d'une « personne », on peut dire, en suivant un historien, lucide, de ce qu'il a appelé « une histoire de l'homme intérieur », que « c'est le XVIIIe siècle qui considérera avec quelque attention l'individu [...], c'est au XVIIIe siècle que se dessinera notre image de la personne ». « XVIIIe siècle : grand essor du capitalisme industriel, celui du piétisme protestant, du romantisme, celui des débuts de l'historisme, celui des débuts des nationalismes. L'intérêt pour le passé se lie à la ferveur, à l'activité industrieuse, à l'activité sociale. Chaque homme a maintenant sa religion, son lieu, son individualité[5]. »

L'INDIVIDU À IDENTIFIER

Laissons maintenant l'homme intérieur et tout ce qui, de l'identité personnelle, semble ne pouvoir s'établir qu'au-dedans. « Considérons l'individu avec attention » : la formule convient parfaitement à l'autre face de l'identité, celle que *Le Robert* circonscrit sobrement en parlant de reconnaissance d'un cadavre, d'un prisonnier évadé ou d'une personne en état d'arrestation. Entrent en scène le policier et le médecin légiste avec comme toile de fond l'invention de l'état civil.

Rien n'est plus simple, au départ, car il s'agit, en considérant un individu avec attention, de l'identifier. C'est une opération que nous faisons immédiatement et continûment dans la vie quotidienne, en contact avec tout ce qui est animé. Nous l'avons appris : la psychologie intuitive de l'espèce humaine s'est construite au cours des centaines de milliers d'années où nous avons été des prédateurs et des proies. Pour vivre et survivre, il était essentiel d'apprendre à distinguer qui, animal ou homme, faisait tel bruit, ce que signifiait telle forme entrevue, ce que voulaient dire les traits de telle face, ou encore aujourd'hui quelles inférences d'autres vivants vont tirer de la représentation que je me fais de tel individu, en telle situation très précise. Pour tout être vivant, qu'il en soit ou non conscient, identifier est vital. Réciproquement, pour tout individu qui vit et survit socialement, être identifié est aussi quotidien et banal qu'identifier les vivants qui l'entourent et l'approchent.

Il en va ainsi depuis l'apparition des sociétés du face-à-face, avec les petites bandes expertes à la chasse et à la cueillette, jusqu'aux sociétés mi-villageoises, mi-urbaines où chaque individu, par insertion dans une série de cercles de solidarité et d'action, peut à la fois être connu et reconnu. Pour aller d'un pas plus alerte vers les sociétés où va naître ce que nous appelons l'*identité nationale*, il suffit de choisir sans crainte de se tromper la province de l'Europe qui, depuis la fin du XVIIIᵉ siècle jusqu'à ce jour, a été le laboratoire sans rival des pratiques d'état civil. C'est en France, à travers une série d'expériences administratives et policières, que s'effectue la mise en forme de la citoyenneté qui aboutit avec le régime de Vichy et la fin de la Seconde Guerre mondiale à la création de la carte d'identité nationale « obligatoire ». Voilà une singularité française dont l'étrangeté se laisse découvrir depuis les pays de tradition anglo-saxonne, qui disposent aujourd'hui des moyens les plus sophistiqués pour identifier chaque individu dans le monde entier, en principe, mais dont les ressortissants anglais ou américains sont radicalement opposés, par une tradition de plusieurs siècles, à l'instauration d'une carte ou d'un document qui porterait atteinte à la liberté individuelle, comme elle est pensée et défendue là-bas (ill. 7).

DE CARTE EN CARTE

Quelques dates et repères pour *nous mettre à distance de nous-mêmes* en ces temps de métamorphose de l'autochtonie. En France donc, l'avènement du suffrage dit « universel » est daté par la loi du 2 mars 1848. La question se pose immédiatement : qu'est-ce qu'un citoyen français ? En 1789, l'individu est lyriquement identifié à sa patrie. Aux armes, citoyens ! Aller aux urnes, cela ne s'improvise pas. En 1848-1849, qui est qui ? Il y a sans doute, ici et là, des registres d'état civil qui sont venus remplacer les registres paroissiaux de l'Église se voulant « catholique ». Mais sont-ils surveillés ? Relèvent-ils d'une autorité *centrale* ? La réponse des historiens est négative. Dès lors, comment reconnaître un individu « citoyen » d'un autre qui ne le serait pas ? Chacun aujourd'hui, en France toujours, posera la question : « Mais que fait la police ? » Que faisait-elle, en effet ? Il faut savoir, d'abord, que jusque dans les années 1880 chacun « dispose librement de son passé », conformément au « droit des gens » en usage. Autre information historique capitale : pour « reconnaître », pour « identifier », la police n'a encore que la technique où l'on dévisage, où l'on se fait « tirer le portrait ». Une technique inventée pour les *coupables* et pour les *criminels* : seuls les individus reconnus dangereux sont « dévisagés » — c'est-à-dire « identifiés » par un certain nombre de traits physiques fixés dans l'image mentale d'un gardien de prison — selon le temps nécessaire (ill. 3). On peut imaginer la suite, même quand la police se met à photographier les prévenus dans les années 1870. On comprend alors sans peine l'état dépressif des services de police, impuissants non seulement à fixer l'image des individus appelés dangereux mais aussi à tenir un compte exact de tous les membres d'une société dont chacun peut être potentiellement suspect. Évidence qui grandit à mesure que s'intensifie la mobilité des personnes et qu'apparaissent les villes tentaculaires des temps modernes.

La révolution identitaire, celle qui marche toujours aujourd'hui d'un si bon pas, commence avec Francis Galton et les empreintes digitales. Un signe, détaché du corps, séparé de l'individu physique, va permettre d'identifier chaque être humain. Si la découverte revient à un Anglais, en France, la gloire appartient à Alphonse Bertillon, le superpolicier qui va montrer à la République et à la nation comment on peut identifier n'importe quel individu appartenant à l'espèce humaine. Bertillon sera présenté à l'Exposition universelle de 1889 comme une preuve du « génie français ».

Dès l'apparition de la photographie, les services de police ont ouvert l'œil. Ils ont suivi de près les progrès de la statistique et de l'anthropologie physique. L'identité d'un individu se construit avec un certain nombre de traits-signes : la forme du nez, des oreilles, la couleur des yeux, l'ossature, les stigmates physiques. C'est une identité soumise à l'*identification,* et d'abord celle des individus dangereux, des prévenus, des condamnés, des récidivistes. Le plus souvent pensés comme des *étrangers,* des individus suspects allant et venant sur le territoire national. L'identité par identification est d'abord destinée aux autres que les citoyens, lesquels participent de droit abstrait à la « souveraineté nationale »[6] (ill. 4).

NATION ET NATIONALITÉ

« National », qui va grandir entre nation et nationalité, appartient à une histoire bien docu-

mentée qui permet de découvrir une part de ce
que « nationalisme » pouvait vouloir dire à travers
une série d'expériences pour « faire des nations
et des nationalités », expériences en cours dans
toutes les parties du monde. Naître dans un lieu
ou d'un lieu par transmission de la vie, c'est,
pour l'espèce humaine contemporaine encore,
le plus banal et le plus quotidien. D'où le grand
nombre de natifs, d'indigènes et d'autochtones,
ces derniers signalés par l'odeur plus ou moins
forte de la terre d'où ils sortent. Dans certaines
provinces d'Europe, « nation » se met à cheminer de bonne heure avec « nationalité ». Comme
c'est une donnée sémantique majeure dans l'imaginaire le mieux partagé du national, il convient
de rappeler que le mot nation, depuis le XVIe siècle,
signifie une communauté d'origine, de langue
et de culture.

Naissance évoque « nature » qui va donner,
sous l'Ancien Régime de longue durée, « naturalité », laquelle se demande et s'octroie en lettres,
comme celles dites « patentes » ou « de légitima-
tion », lorsqu'il s'agit d'acquérir la « naturalité »
d'un natif en telle terre, seigneurie ou royaume[7].
Une communauté dont on partage les coutumes, la langue, voire les sentiments, c'est ce
que l'historien Jules Michelet, en son *Tableau de
la France* de 1832, appelle encore une « nationalité ». Avec la coloration fraternelle et ouverte

dont se souvient dans le Quartier latin le « Collège des Trois Nations », devenu « Hôtellerie ».

En Europe toujours, c'est au xviiie siècle que la nation, celle de la naissance indigène et de la brave nationalité de coutumes, commence à s'énoncer en personne juridique, laquelle est fondée sur un ensemble d'individus. Le tournant radical a lieu le 23 juillet 1789 quand la *Nation* s'incarne dans le Tiers État, avec la grande idée révolutionnaire d'un Peuple, formé d'hommes libres, un Peuple qui veut et peut décider souverainement du « Bien commun ». Avec le *Tiers État* et le *Peuple*, il entre dans le concept Nation beaucoup de sentiments et de passions, inséparables du « Chant de la Terre » et du « principe spirituel » qui vont marquer si profondément l'imminente exigence identitaire du « national ».

MICHELET, RENAN

Plus et mieux que d'autres historiens, Gérard Noiriel a montré combien, au cours du siècle où se façonnent les idées de nation, de nationalité et d'identité nationale, les pensées et les choix de Jules Michelet et d'Ernest Renan s'orientaient sur des voies différentes[8].

Pour le premier, aux alentours de 1830, la

nationalité, avec sa riche texture de coutumes, de langue et de sentiment, s'inscrit dans la vision d'une solidarité universelle qui affirme en termes cosmopolites le droit pour chaque peuple d'avoir ses propres traditions culturelles et historiques. Pour le second, qui a subi le choc de 1870 avec la défaite de la France devant la Prusse, la nation, redéfinie face à l'ennemi — nous sommes en 1882 —, se présente comme un « principe spirituel ». Un « principe spirituel » qui « nécessite deux choses », lesquelles n'en font qu'une : « l'une est la possession en commun d'un riche *legs* de souvenirs ; l'autre est le consentement actuel, le désir de vivre ensemble, la volonté de continuer à faire valoir l'*héritage* qu'on a reçu indivis ». De la conférence de Renan « Qu'est-ce qu'une nation ? », devenue bientôt « monument national », on a surtout retenu la formule : « Elle [la nation] est un plébiscite de tous les jours. » Tandis que, les termes soulignés par moi l'indiquent et Noiriel a raison d'y insister, la nation d'après 1870 affirme se fonder sur l'identité entre les Français du passé et ceux du présent, entre les morts de France et ceux qui vivent sur la même terre. Le « plébiscite de tous les jours » défendu par Renan « ne concerne que ceux qui ont un passé commun, c'est-à-dire ceux qui ont les mêmes racines ». Quelques années plus tard, en 1899, la conférence programmatique de Maurice Barrès «La terre et les morts» consacre l'avènement d'un nationalisme spécifiquement français [9] où va prendre racine l'identité nationale de demain, qui est d'abord celle d'aujourd'hui (doc. 3).

Chapitre III

LA DETTE ENVERS LES MORTS

Dans le même coin d'Europe choisi pour voir grandir une «identité nationale», une série de pratiques administratives et de procédures législatives relatives à l'identification semble accompagner pendant une bonne décennie la production d'un ensemble de représentations et de discours publics sur la nation et la patrie. La conférence d'Ernest Renan «Qu'est-ce qu'une nation?», prononcée en 1882, précède de quelques années la loi sur la nationalité de 1889, elle-même soulignée par la circulaire sur «les *étrangers suspects* du point de vue *national*», rédigée en 1893 à l'ombre de Bertillon et de ses empreintes digitales[1]. Tandis qu'en 1892 Ernest Lavisse inaugure la vaste entreprise de l'*Histoire de France* dont une première publication paraîtra entre 1903 et 1911, et qu'en 1899 Maurice Barrès, qui se demande «sur quelles réalités fonder la conscience française», rédige pour la «Ligue de la Patrie française» son discours programmatique *La terre et les morts*[2]. Tout un imaginaire puissant entre en scène tandis que les services de police s'affairent à préparer l'encartement des étrangers d'abord, ensuite des citoyens sur tout le territoire national.

NATION,
UNE IDÉE MYSTIQUE OBSCURE

Aux yeux des contemporains, ce sont là des événements discontinus et sans relation nécessaire entre eux. S'ils font sens pour nous qui parfois connaissons la suite, il n'y a rien de très étonnant à constater la perplexité d'un sociologue devant l'objet « nation » proposé à sa réflexion dans les premières années du xxe siècle. En 1905, à l'occasion des « libres entretiens de l'Union pour la Vérité », Paul Desjardins invite Émile Durkheim, le fondateur en France de la sociologie, à débattre avec des historiens et des géographes comme Vidal de La Blache du sens de « nationalisme » et de « patriotisme ». Après avoir rappelé sa conviction méthodologique que, pour comparer des groupes humains, il faut voir quels sont ceux qui se ressemblent et rentrent dans « le même genre », et quels sont ceux qui diffèrent, Durkheim donne spontanément une place centrale à la France : n'est-elle pas à la fois État et « nationalité », entendue comme « communauté de civilisation », et donc « nation » ? Une « nation » qui n'est pas comme les autres : « *Seuls*, nous avons fait la Révolution française ; seuls, nous avons reçu une certaine éducation rationaliste, et puis il y a le fait que la France s'est centralisée plus tôt que les autres nations[3]. »

Certes, il est difficile après 1870 de dénier à l'État allemand le statut de nation, mais le malaise de Durkheim apparaît clairement lorsqu'il note, un peu plus tard : « Le concept de nation est une *idée mystique obscure*[4]. En effet, dire d'un objet qu'il est "national", c'est le concevoir comme *unique* et *exclure la comparaison*[5]. » Pour Durkheim qui va devenir lors de la Première Guerre mondiale l'Éducateur de la Nation, le national n'est alors que l'incomparable objet d'un obscur désir de « patrie », une patrie dont l'essentiel est constitué par « la communauté de souvenirs historiques » nouée par un « lien de sentiment », un lien affectif si fort qu'elle représente, cette patrie, « le maximum d'individuation de la vie sociale ». Ces « personnalités nationales », dont il déclare que plus elles sont « accentuées », plus leurs rapports sont pacifiques, apparaissent chez Durkheim pures de toute référence à Renan, à Barrès, aux historiens officiels de France, d'Allemagne, autant qu'aux pratiques policières et

administratives qui donnent naissance à de
l'identité nationale « en papiers », en Allemagne
et en France, depuis deux décennies au moins.

En évoquant une « communauté de souvenirs
historiques » et le lien affectif qui se forme dans
l'idée de patrie, Durkheim invite à penser qu'une
nation, si peu clair qu'en soit le concept, a besoin
d'un passé et qu'elle peut se nourrir de ce que
d'autres parmi ses contemporains appellent un
« enseignement d'histoire ». Les historiens de
France n'ont pas attendu l'institution dans l'Université d'une « science de l'histoire » pour « res-
susciter » le passé, en sa vie intégrale et avec
toute la force d'une « âme nationale ».

ÉCRIRE POUR RÉCHAUFFER
LES MORTS

Aux alentours de 1840, Jules Michelet choisit
d'écrire « au nom des morts » en créant une histoire du genre humain et de la France. Il donne
ainsi à l'imaginaire dominant du XIXe siècle son
grand récit : il y a un lien primordial entre les
vivants et les morts, un lien établi aux commencements de l'humanité par l'érection de
tombeaux[6].

Dans tout l'Occident chrétien, c'est une sorte

de croyance commune, aussi étrange, aussi exotique qu'elle doive apparaître au regard d'autres sociétés qui en ont été informées, tardivement sans doute. En comprendre la certitude dans le XIXᵉ siècle devrait permettre d'identifier l'un ou l'autre trait d'une « singularité », et de prendre mesure des effets d'un choix historien ou historiographique qui trouve si fermement appui sur du « primordial ».

Les formules de Michelet se soutiennent du plus haut vol, à l'aube d'une histoire qui s'enivre de saisir le passé comme ce qui a été sur le mode d'un présent accompli. « Être en commerce intime avec les morts ressuscités, qui sait ? être enfin des leurs[7]. » Et « réchauffer des cadavres refroidis ». Histoire « résurrectionniste », sa force est de « passer et repasser à travers les morts » qu'il faut traiter comme des proches. « Ainsi fait-on une famille, une cité commune entre les morts et les vivants[8]. » L'histoire naît endettée, l'historien est en dette avec les morts. Il assume une magistrature des tombeaux, il est le « tuteur et protecteur des morts ». Car « chaque mort laisse un petit bien, sa mémoire, et demande qu'on la soigne ». 1872, et déjà Michelet le comprend : « Un des faits d'aujourd'hui les plus graves, les moins remarqués, c'est que *l'allure du temps* a tout à fait changé. Il a doublé le pas d'une manière étrange[9]. » Seconde observation qui pointe celui qui apporta « la mort de masse », et

par millions, Napoléon : «Jamais la Mort n'a eu
de tels triomphes sur le globe[10]. »

LA TERRE, LES MORTS,
LA CONSCIENCE FRANÇAISE

Le 10 mars 1899, Maurice Barrès s'adresse solennellement aux historiens, aux savants, aux
grands lettrés de France pour leur dire « sur
quelles réalités fonder la conscience française »,
une conscience nationale, une conscience historique.

Ce jeune homme, si cher à Michelet, comme
disait Paul Bourget, veut faire entendre la «voix
des Ancêtres», la «leçon de la Terre». Les morts
vivent en nous : « L'âme qui habite aujourd'hui
en moi est faite de milliers de morts. » Les morts,
d'abord. Barrès fait appel à un historien des religions, Louis Ménard, qui, regardant les gestes
simples d'une famille en deuil, nous montre
«comment une religion commence» : avec le
culte des morts. Une patrie est fondée sur les
morts et sur la terre. La «patrie française», «sa
conscience nationale» s'originent dans la terre
de France : « La terre nous donne une discipline,
et nous sommes le prolongement des ancêtres.

Voilà sur quelle réalité nous devons nous fonder[11]. »

Il y a du sacré dans la terre et la profondeur des grands cimetières : « J'ai trouvé une discipline dans les cimetières où nos prédécesseurs divaguaient. » La « patrie française » a le devoir de convaincre les « professeurs » de « juger les choses en *historiens*[12] plutôt qu'en métaphysiciens ». C'est à eux que revient « ce grand enseignement national par *la terre et les morts*[13] ».

LE RACINÉ, NÉ DE SES MORTS

Depuis les années marquées par ce que Barrès appelle « l'Affaire Innommable » — traduisons l'affaire Dreyfus —, la France est devenue un « champ de bataille où un Français *né de sa terre et de ses morts* doit accepter le défi des naturalisés et des étrangers[14] ». Les morts au nom desquels Michelet disait écrire l'histoire ne devaient pas, eux, faire la preuve qu'ils étaient réellement nés de la terre de France. « Être un arbre conscient total, harmonieux, une vie soumise à la terre, à l'opération profonde des racines obscures » : le Français *raciné* de Barrès apporte pour longtemps au mystère de la nation l'ombre inquiétante d'un vaste feuillage persistant[15]. Pour fonder une nation, « il faut un cimetière et un enseignement d'histoire » : la formule de Barrès est facile à mémoriser. Brève et forte, comme la devise « La terre et les morts ». L'enseignement d'histoire, Ernest Lavisse en a pris soin dès 1892, je l'ai rappelé[16], et il ne va pas cesser d'en assumer la haute responsabilité, en particulier dans l'enseignement « primaire », avec les manuels de l'*Histoire de France* qui ont formé le sentiment national, institué l'éducation morale et conforté le culte de la patrie, au-delà même de toutes les espérances. Quant aux cimetières, ils font partie de ces « réalités » sur lesquelles Maurice Barrès entend fonder « la conscience française » pour la patrie française. Ils ont aussi une histoire de belle durée dont la singularité, à la fois théologique et religieuse, relève entièrement du pouvoir de l'Église catholique et romaine, en Occident toujours.

CIMETIÈRE CHRÉTIEN
SUR SOCLE D'ÉGLISE DE ROME

Les vivants et les morts, dans toutes les sociétés humaines, sont amenés à cohabiter, ne serait-ce que le temps de choisir comment traiter un cadavre : l'abandonner en courant, le livrer au feu, le recouvrir de terre ou le manger en famille. Un corps privé de vie, une « personne » qui devient une chose en décomposition semble exiger le plus souvent un traitement spécifique, d'autant plus attentif que, dans les représentations de la société concernée, le corps-objet a été et doit être le support d'une série complexe d'entités surnaturelles : âmes, esprits, ancêtres, doubles, dieux ou génies. Dans l'Occident chrétien, entre le XIᵉ et le XIIᵉ siècle de notre ère, l'Église de Rome entreprend de sacraliser une portion de terre, baptisée cimetière, autour de ses lieux de culte déjà consacrés par un autel[17]. Dans un mouvement de conquête, elle impose progressivement le caractère religieux de l'espace funéraire collectif. Conformément aux livres pontificaux, l'évêque doit consacrer solennellement l'espace cimétérial réservé à la paroisse, là où sont mis en terre les corps des chrétiens baptisés. Le cimetière chrétien devient le lieu protégé et réservé où reposent ensemble tous les membres de la communauté paroissiale, strictement séparés des « étrangers[18] ». Les corps des juifs, des infidèles et des mauvais chrétiens ne doivent pas souiller la terre consacrée, le territoire où le « sacré » a été enraciné par des parcours rituels répétés autour des sépultures à l'ombre des églises.

Nombre de théologiens d'alors écrivent explicitement que les défunts de la communauté chrétienne reposent ainsi dans le « sein » de l'Église Mère, dans le « ventre-utérus » de laquelle ils étaient nés à la grâce par le sacrement du baptême [19]. En créant le cimetière comme institution religieuse, le catholicisme romain diffuse dans une grande partie de l'Europe, entre le xiie et le xixe siècle, la représentation de l'Église comme une « société spirituelle formée des vivants et des morts [20] ». Peut-être faut-il entendre, dans les cimetières de Barrès et des historiens invités à enseigner, un écho des liens spirituels tissés comme depuis toujours entre la terre des vivants et celle des morts dans la tradition catholique de France. Des morts appelés à devenir d'autant plus sacrés que les hécatombes de la Grande Guerre de 14-18, après celle de 1870, ont fait naître le peuple immense de ceux qui sont « morts pour la patrie ».

L'imaginaire religieux du christianisme n'a sûrement pas été étranger au sentiment profond d'une « dette envers les morts », éprouvé et mis en écriture par des historiens et philosophes dans la seconde moitié du xxe siècle. Deux d'entre eux y ont particulièrement contribué.

Michel de Certeau, d'abord, qui s'avoue endetté envers Michelet, « tendre... pour tous les morts », choisit de penser l'historiographie comme un discours avec le monde des morts, un long commerce avec les ombres que l'historien, après les avoir évoquées, reconduit vers leurs tombeaux : «Il les honore d'un rituel qui leur manquait.» L'histoire moderne occidentale, celle qui commence avec «la différence entre le passé et le présent», a reçu la mission de «calmer les morts qui hantent encore le présent et de leur offrir des tombeaux scripturaires». Il y a là une «singularité occidentale» : pour tout historien, «écrire, c'est rencontrer la mort qui habite ce lieu, la manifester par une représentation des relations du présent avec son autre[21]... »

ÉCRITURE, SÉPULTURE : L'HISTOIRE ENRACINE

Certes, le cimetière chrétien d'Occident, tel quel, n'est jamais mis en scène pour l'accomplissement du service funèbre de l'historiographie, non plus que la haute figure de celle qui se donne comme la «société spirituelle formée des vivants et des morts». Ils constituent néanmoins l'arrière-plan, la toile de fond sur laquelle l'écriture — «au sens ethnologique et quasi religieux du terme» — «joue le rôle d'un rite d'enterrement... elle exorcise la mort en l'introduisant dans le discours... [elle] construit un tombeau pour la mort[22]». Historien, jésuite et amoureux des grands voyages, Michel de Certeau a cédé à d'autres le soin de célébrer la France comme la « terre qui par la mémoire et par la présence des morts s'approfondit en histoire[23] », mais il a tôt trouvé en un philosophe de l'historiographie un écho amplifié de sa dette envers les morts.

Dans une série de textes et d'entretiens, Paul Ricœur a dit et répété que « l'histoire a la charge des morts de jadis dont nous sommes les héritiers[24] ». Si beaucoup d'historiens, de Lucien Febvre à Jacques Le Goff, s'accordent à reconnaître que l'histoire est une reconstitution des sociétés et des êtres humains d'autrefois par des hommes et pour des hommes engagés dans le réseau des réalités humaines d'aujourd'hui, le ton change avec le « nous sommes les héritiers » des morts de jadis (doc. 4). D'Ernest Renan à Fernand Braudel, il se répète que les morts sous les pieds des vivants sont vingt fois plus nombreux, qu'ils « restent présents », qu'ils constituent « l'énorme héritage vivant de la Préhistoire », de la Préhistoire de la France, sans aucun doute[25].

Dans l'Europe sans frontières qui se construit sous nos yeux, il n'est pas de province, il n'est pas de nation qui ne se laisse charmer par celles ou ceux rappelant que « les ancêtres nous ont fait ce que nous sommes ». Du « nous sommes les *héritiers* » des morts de jadis, l'on passe avec Ricœur — né en 1913, d'un père mort à la guerre « pour la France » — à l'affirmation que

nous, historiens, sommes en dette. Une dette
envers les morts. «Il y a un travail, chez nous,
dans le travail d'écriture, qui a plus d'un rapport avec celui de la sépulture[26].» Une croyance
chrétienne que Ricœur, en protestant fervent,
professe en plus de celle, plus neutre, dans l'existence et la réalité du «passé». Tous les historiens
ne se reconnaissent pas dans cette profession de
foi d'évidence, même si rares sont les discours
critiques à l'égard d'une tradition venue de Jules
Michelet, celui qui, notait un Observateur de
l'Homme en Amérique, avait appris «aux morts
qu'ils étaient français[27]».

Dire et redire aux historiens, avec l'autorité du
philosophe de l'«opération historiographique»,
qu'ils sont, en tant qu'héritiers, ceux par qui «le
passé se perpétue dans le présent et ainsi l'affecte», c'est marquer le caractère «sacré» du
lien qu'ils ont la charge de nouer avec les choses
absentes, c'est donner à penser que la dette
engage à un devoir de mémoire envers les morts.
Des morts qui sont depuis Renan *nos* morts, au
cœur de l'héritage national, dans l'esprit et le
discours de plus d'un.

Si le sens commun fait son miel d'évidences
coulant du sein maternel, comme eût dit Sully
Prudhomme, il est temps de se demander si un
tel enseignement de l'histoire et de sa philosophie ne conduirait pas certains esprits forts à

proclamer, un jour ou l'autre, la nation France « incomparable ».

Les anthropologues, je crois déjà l'avoir noté, se sentent souvent les parents pauvres des sciences humaines et, en Europe plus qu'ailleurs, ils aiment saluer avec déférence la noblesse de sang de l'Histoire-en-chaire, si d'aventure un trottoir ou un couloir les fait se croiser. Il est vrai qu'un ethnologue, en Hexagone ou en Pentagone d'ailleurs, est rarement amené à faire état, dans une activité, de son appartenance à quelque chose comme « une communauté de race et de souvenirs [...] où l'homme de France s'épanouit, en sachant qu'il y tient par ses racines, ses morts, le passé, l'hérédité, l'héritage [28] » (doc. 5). Le savoir qu'il a choisi de cultiver lui offre la liberté de mettre en perspective des sociétés et des cultures éloignées ou proches, tout autant que de porter un regard critique sur sa propre société, ses croyances intimes, ses traditions d'hier et d'aujourd'hui.

LA DETTE, LA TERRE, LES MORTS : MISE EN PERSPECTIVE

Confronter, mettre en perspective, faire du comparatisme dans l'immense terrain découvert

par la variabilité des cultures, c'est nécessairement être en mouvement, se déplacer continûment, vouloir aller au plus loin pour revenir
au plus près et autant de fois que la vitalité et
l'énergie intellectuelle le permettent. L'anthropologue qui aurait été frappé par les différences
entre la « personne » délimitée par le droit canon
et l'être polymorphique dans l'Inde de l'«illusion créatrice » qui rend si improbable la représentation d'un agent source de ses actes, cet
anthropologue devrait aussitôt se demander ce
que « la terre et les morts » peut vouloir dire
dans le monde védique où les morts sont livrés à
la flamme des bûchers et où la terre, il pourrait
l'apprendre, est considérée comme une parfaite
poubelle.

Qui veut goûter la saveur de ce qui s'appelle
« la dette envers les morts », une manière du cru
d'écrire, de faire de l'histoire, doit d'abord se
dessaisir d'une de ses croyances élémentaires,
vaporisées à l'école communale depuis Fustel de
Coulanges et Ernest Lavisse : le culte des morts
naît avec la famille et la propriété de la terre, et
la religion des ancêtres est apparue à l'aube de
notre histoire, laquelle « commence avec les
Grecs », comme il convient de l'enseigner dès le
plus jeune âge.

L'Extrême-Orient du Japon découvre un premier dépaysement : une insularité offerte par les

dieux autochtones, une aversion profonde de la souillure des morts, un temps linéaire sans discontinuité comme la lignée impériale. Dans la tradition mythologique, les dieux autochtones et sauvages régnaient sur le pays avant d'être soumis par les dieux du ciel, géniteurs des îles et de l'archipel, mais qui, devenus souverains sur terre, voient leur immortalité se défaire peu à peu. Des japonisants ont parlé d'une « création continuée » : le monde bourgeonne comme un roseau, il se régénère, et pour accompagner son renouvellement il semble pieux de l'aider en *restaurant* les temples et les sanctuaires[29]. Sur l'horizon d'une continuité aussi régulière que les cycles saisonniers, l'État du VIIᵉ siècle qui édifie les premières capitales fait, lui, table rase des sépultures anciennes. Au point que, au XVIIIᵉ siècle, quand vient le temps des « Études nationales », lettrés et archéologues vont se mettre en quête des « tombes impériales » d'autrefois, souvent abandonnées, laissées en déshérence rituelle, dès lors que le bouddhisme, de bonne heure, prit soin des morts et de leur au-delà. Une géographie de lettrés entreprit de remédier au long silence des lieux en même temps qu'un milieu d'historiens préparait l'avènement intellectuel du shinto de Meiji (1852-1912) et sa modernité troublante. Faisant la preuve qu'on peut à la fois dénier le passé récent et se reconnaître dans une histoire ancrée dans la lignée du premier empereur d'un sol sacré. La « volonté d'autochtonie », comme dit François Macé, habite l'identité nationale.

Le Japon se donne une histoire qui fait appel à une armée d'archéologues, tout en établissant sa singularité à l'écart de ce que l'historiographie occidentale a choisi d'appeler « la dette envers les morts [30] ».

De quelle « dette » s'agit-il, en effet ? Dans l'Inde brahmanique, dès sa naissance, le vivant est « une dette dont les *Mânes* sont les créanciers conjointement avec les dieux ». Le culte des ancêtres morts semble être l'acte religieux le plus important. En fait, la société brahmanique a élaboré une parfaite stratégie pour se débarrasser des cadavres, pour introduire les morts dans la communauté des Mânes en transformant leurs corps en victimes sacrificielles, tout en abolissant le souvenir de la « personne » des morts. Même si le vivant appartient à un lignage, les ancêtres auxquels il rend un culte, par ailleurs discret, ne dépassent jamais trois rangs, une petite totalité dont les ressortissants sont voués à tomber en désuétude, sans aucun bruit. Fidèle à un point de vue comparatiste, Charles Malamoud observe que les morts indiens, si chétifs et sans espace propre, sont partis pour ne plus revenir. Quelle « conscience historique » pourrait s'édifier sur de tels ancêtres, dans une société aussi indifférente à la mémoire des événements qu'elle se montre attentive au caractère immuable du présent[31] ?

Comment traiter les morts ? Comment traiter la terre ? En Australie, je l'ai évoqué, la Haute Cour se penche sur la question, âprement débattue : le lien à la terre, s'il est de type « religieux », comme le soutiennent les aborigènes, et non de « propriété » au sens anglo-saxon, est-ce encore un *lien* ? Excellente question pour aller en Israël, en comparatiste curieux. L'État est petit et récent, mais le laboratoire qu'il offre à l'expérimentateur est un des mieux équipés du monde. On y a fait — je parle des « indigènes » — tant d'expériences, et les plus récentes sont en cours pour le profit le plus sûr des Observateurs de l'Homme. Entre la Bible et le présent d'Israël, la terre est l'élément de condensation le plus actif dans les mythidéologies du monde juif.

LE JUIF DE SOUCHE,
EN TERRE SAINTE

Comment traiter les morts, comment traiter la terre, en Israël, depuis ses commencements nomades avec Abraham de Chaldée, les ambi-

guïtés d'une «Terre promise» — mais à quel
prix? —, le nouveau Juif palestinien qui se dit
hébreu et ne veut plus se souvenir de l'exil ou
encore les vertueux orthodoxes qui vivent l'Exil
en Terre sainte dans l'attente de la Rédemption?
Il y a là un terrain d'exception, car c'est en Israël
que l'histoire critique contemporaine a mené
l'enquête sans ménagement, à coups de bull-
dozers, dynamitages et pelleteuses mécaniques
pour mettre à nu les mythes créés, il y a un demi-
siècle à peine, autour des «racines» de l'État
juif, depuis le *Yichouv*, l'État juif en gestation.

L'œuvre excellente d'Attias et Benbassa, *Israël,
la terre et le sacré*[32], déploie la richesse des versions
élaborées sur trois millénaires ou presque autour
d'une question majeure pour les anthropologues,
les historiens et les philosophes: «Qu'est-ce
qu'un lieu?» J'en retiendrai quelques images
contrastées sans m'arrêter à leurs configurations
en contexte.

D'abord, dans la Bible, celle des nomades, de
ceux qui se mettent en route, pâturent dans le
désert ou chez les autres, la terre, elle s'achète,
un lopin par-ci, un lopin par-là, pour un tombeau, un autel ou la tente de Jacob. Le petit dieu
colérique et possessif de la tribu résiste à devenir
le dieu d'un lieu saint. Il entend rester le résident
d'une Arche mobile qui refuse l'enracinement,
insiste pour habiter un pavillon de toile et de
peaux, mais déjà exalte le *sacré*, le sacré qui

exclut. Dans l'Ancien Testament, la seule portion de sol qui soit dite « Terre sainte » est située
au fond du désert, dans un buisson ardent, là où
se manifeste la présence visible du dieu d'Israël.

Autre image forte pour comparer : la Terre
promise est déjà une terre occupée, et par
d'autres Élus indignes qu'elle a vomis, car ils
l'ont souillée. Le dieu de l'Alliance va bientôt
se mettre à crier aux nouveaux locataires : « La
terre est à moi, vous n'êtes que des étrangers
domiciliés chez moi. » Un dieu bientôt « sans
terre », celui du Livre pour la diaspora du
judaïsme déterritorialisé si longtemps. Enseigne-
t-on dans les écoles d'Israël que la Palestine a
été sous domination arabo-musulmane de 634 à
1099 — presque cinq siècles ? Pas plus qu'on ne
peut apprendre, vraisemblablement, comment
s'inventent des lieux désignés comme « Lieux
saints » et à travers quelles pratiques, quelles
représentations mythiques, naguère et aujour-
d'hui, sans oublier le rôle de l'archéologie à
l'appui du national, là comme en quelques autres
terrains de fouilles où l'on souhaite enraciner
une autochtonie choisie.

En Israël, après les Six-Jours, une nouvelle
mythidéologie de la terre se met à pousser, celle
des natifs (les *sabra*, dérivé de l'arabe « cactus ») :
le Juif hébraïque, métissé d'un Bédouin imaginaire. Éloge du Bédouin et négation de l'Arabe ;
les historiens sionistes des années 1930 à 1935

avaient commencé le travail et montré l'unicité d'une nation sur le sol de la terre d'Israël (*et là ce ne sont pas les morts qui enracinent*), ils l'avaient fait en affirmant que le trait le plus spécifique d'Israël, c'est une *conscience historique particulière.* L'historicité, nous allons y venir, est une composante forte de l'identité nationale, en son mystère.

DANS LA « CITÉ ANTIQUE », DES MORTS SI LÉGERS

Hier comme aujourd'hui, de Michelet à Braudel, par exemple, les historiens partagent des croyances qu'ils baptisent convictions, et qui délimitent pour un temps la nature de leurs questions et l'orientation de leurs travaux. Étant donné qu'ils sont communément investis « Gardiens de la Tradition » dans les sociétés européennes, les hellénistes historiens ont contribué à faire croire que, de l'Antiquité à nos jours, un même courant religieux irrigue la famille, la propriété de la terre et les morts[33]. En même temps que Fustel et ses épigones de France, Erwin Rohde, en Allemagne, affirmait avec autorité que le culte familial des morts constitue une des racines les plus anciennes de *toute* religion. L'héritage est si riche pour le sens commun qu'il n'est nul besoin de fournir des preuves textuelles, et c'est là d'autant mieux qu'il n'y en a pas pour la période entre le vIIIᵉ et le vᵉ siècle avant notre ère. C'est pourtant au long de ces trois siècles que des dizaines de cités nouvelles sont fondées par des Grecs en Italie du Sud, en Sicile et sur les bords de la mer Noire. Ceux qui partent, en groupes de cinq cents ou de mille, vers les terres nouvelles n'emportent sur leurs navires ni les sarcophages ni les cendres de leurs morts. Il se trouve qu'en Grèce, continentale ou non, les morts sont *légers*, ils ne servent point à enraciner. Les petites cités, fraîchement implantées, vont se donner, à la génération suivante, un culte de type politique : celui de leur Fondateur, héroïsé après sa mort, mais dépouillé de ses attaches familiales[34]. Quant aux morts « en général », les cités préfèrent les honorer collectivement dans une fête annuelle, comme celle dite « Génésies » où les vivants commémorent anonymement les disparus. C'est la fête des morts, des morts qui sont évoqués, ce jour-là, comme « ceux qui sont nés naguère[35] » plutôt que comme des ancêtres, dont certains, parfois, se révèlent impatients de peser de tout leur poids funeste sur les vivants.

Il n'est pas trop tard pour faire savoir que, si l'on veut motiver la croyance « Nous avons une dette envers les morts », ce n'est pas aux anciens Grecs qu'il faut s'adresser.

Chapitre IV

FICTIONS DE L'HISTORICITÉ

En contemplant les eaux noires du mystère enfoui dans l'identité nationale, nous avons rencontré la profession d'une « dette envers les morts » et son ancrage dans le cimetière chrétien d'un temps et d'un lieu, si exotique au regard de sociétés proches ou éloignées. Les mêmes eaux nous entraînent maintenant vers le pays de ceux qui, un beau jour, se sont mis à croire avec ferveur dans la nature historique de leur existence. Il n'y a, semble-t-il, aucun enchaînement nécessaire entre rendre un culte à des morts et se penser comme les héritiers d'ancêtres qui parleraient à travers eux. Cependant, c'est un choix possible. D'aucuns l'ont fait ou le feront, qu'ils soient philosophes, lettrés, historieux ou simples mortels, affairés ici et là à se donner une représentation du passé, à se reconnaître une « conscience historique », à croire même que l'histoire de leur vie et de leurs actions doit avoir un sens, marqué du sceau de la Vérité absolue.

Si «nation» paraît parfois à certains, je l'ai rappelé, une idée mystique obscure, pourquoi d'autres, également de loisir, ne se mettraient-ils pas à observer les croyances et les coutumes de la partie de l'espèce humaine convaincue de la toute-puissance de l'histoire et de l'historicité ?

Il faudrait avoir l'ironie et le cœur sec d'un Père de l'Église comme Augustin d'Hippone pour se moquer de la profusion soudaine des petits dieux de l'historicité, surgis du sol de notre histoire en quelques décennies du XIXᵉ siècle. En parlant de petits dieux, je pourrais faire allusion aux centaines de génies de la brousse en Afrique de l'Ouest, ou aux milliers de petits esprits, appelés *kami*, tantôt d'un grain de riz, tantôt d'une montagne, dans le Japon ancien et contemporain. Je préfère évoquer à travers Augustin de Carthage la cité de Romulus avec ses douze siècles et son polythéisme si actif à cultiver de minuscules entités, attachées à l'instant d'un seul geste ou d'un événement insolite. Ainsi le délicieux *Vatican(us)*, seul habile à ouvrir la bouche du nouveau-né pour ses premiers vagissements, en attendant que l'aimable *Abeona*, qui fait couple avec la prudente *Adeona*, mène et ramène de l'école l'enfant en âge d'apprendre[1].

LES VAGISSEMENTS
D'UN NAÎTRE-LÀ-DANS-L'HISTOIRE

Un polythéiste avisé découvrirait sans peine à l'entour de l'Histoire et aux pieds de l'Historicité une foule de micropuissances : celle qui fait-être-dans-l'histoire, celui du passé-en-soi, du passé-séparé-du-présent, celle qui produit-une-histoire-de-soi-même, celui de l'être-là, de l'être-là-avec-ou-sans-souci, celui ou celle de la-longue-durée, celui du temps-qui-change-d'allure, ou celle de la-singularité. Un panthéon touffu de microcatégories, dont le même esprit curieux découvrirait aussi aisément, sans avoir à se plonger dans une histoire de la religion romaine, qu'elles sont autant de représentations conceptuelles et indigènes du temps, en Europe occidentale, entre le XIXe et le XXe siècle de notre ère.

Les sociétés dont le sens commun n'a pas manqué de se reconnaître en ce détour vers les dieux pluriels sont suffisamment sûres d'elles-mêmes pour se proposer des définitions normatives de ce que signifie l'histoire. L'une d'elles m'a séduit, qui semblait ne pas s'ouvrir sur un banal potager de l'histoire-enquête. En pleine entre-deux-guerres, étrange saison, au moment où les philosophes de l'histoire se révoltent contre l'idée que l'homme, en sa nature, est immuablement le même, Johan Huizinga, un historien du Moyen Âge mélancolique, suggère à mi-voix que l'histoire, c'est en somme «la forme intellectuelle dans laquelle une civilisation se rend compte à elle-même de son propre passé[2]». Il y avait là une manière élégante de mettre sur la table une série de questions de bon aloi, lorsqu'il s'agit de placer en perspective quelques-unes des figures de l'historicité montées à l'horizon dans la première moitié du XXe siècle[3].

«Forme intellectuelle» convient pour distinguer dans la pénombre la figure de l'historien comme type d'homme, curieux, savant, expert en choses du passé, et qui, selon Johan Huizinga, appartient sans doute à une société qui mérite d'être appelée «civilisation».

«Se rendre compte» semble renvoyer à un travail de soi à soi, déjà engagé dans l'activité d'une mémoire ourlée d'une sorte de «conscience». Est-ce pour autant une simple représentation parmi d'autres ou, comme le suggère la formule «forme intellectuelle», une construction plus complexe? Huizinga a assurément à l'esprit le «savoir lettré» à l'œuvre depuis le milieu du siècle précédent dans le monde universitaire qui est le sien.

LES COULEURS AUTOMNALES
DU PASSÉ

« Se rendre compte à elle-même de son propre passé » : qu'est-ce que cela veut dire pour une « civilisation » ? Laissons pour l'instant de côté la réflexivité, connotée par « son propre » et « à elle-même ». Qu'en est-il du passé ? Comment le penser, se le représenter, quelle place lui assigner dans le temps, le temps des hommes, sans oublier celui de la terre et de la nature ? Du passé à peine passé, dépassé, il semble aisé de voir les couleurs pâlir et la vie se vider, du moins pour qui a pris l'habitude de se pencher à la fenêtre sur les choses anciennes, entre jadis et autrefois. Mais le passé d'une civilisation, confié à l'intellect « historien », où commence-t-il ? Quelle objectivation veut-il pour devenir objet de savoir ou même de « science » ? Il ne semble pas que toutes les sociétés, ni *a fortiori* lesdites « civilisations », aient souhaité imaginer que le passé *est* en même temps qu'il *a été*. En Occident, du moins, un long chemin paraît requis pour découvrir que le passé d'un groupe est autre chose que le présent de ce groupe, autre chose qu'une part évidente du groupe qui s'y réfère, le parle, l'habite, en tire des exemples ou de l'autorité, si désirable pour plus d'un. À première vue — car, il faut le savoir, ce genre d'enquête comparative progresse lentement —, peu de sociétés en viennent à croire que le passé a un intérêt tel quel, c'est-à-dire, et la formule est très occidentale : *avoir été* et *être*, le passé en ce qu'il a de *même* et ce qu'il a d'*autre*.

Lorsque nous interrogions le poids de la dette chrétienne envers les morts dans l'opération historiographique du xxᵉ siècle en Europe, nous avons entrevu que, vraisemblablement, certaines figures de l'ancestralité invitent plus que d'autres à croire que le passé comme tel peut être intéressant. On pourrait également suggérer que, pour que l'autre apparaisse dans le même, il faut que le passé ait commencé à être séparé du présent qui le constitue. L'avènement du passé en soi comme catégorie semble se faire à peu près dans le même temps que la montée du national comme concept et de certaines formes de « nationalisme ». Dans cette perspective, ce qui va s'appeler l'« historicisme » apparaît comme une poussée de fièvre en direction d'une individualité, de la singularité irréductible d'une « conscience historique » soudée à l'histoire d'une nation, nécessairement appréhendée en soi, comme le passé.

La réflexivité, si visible dans la définition de Huizinga — avec le « se rend compte à elle-même de son propre passé » —, accuse le choix

historiographique d'une civilisation que ses philosophes et ses historiens sont davantage enclins
à considérer «en soi» plutôt que dans ses relations éventuellement contrastives avec d'autres
«civilisations» que pourrait laisser perplexes
l'idée, si familière en Occident, de «se saisir
comme être historique dans l'histoire», avec
une «conscience historique». Deux pas de côté
suffiront à faire voir ce que veut dire un «choix
historiographique», une manière de penser et
d'écrire «de l'histoire», pour faire court.

EN CHINE, LES DEVINS-SCRIBES

Un premier pas, du côté de l'Orient en son
extrême chinois, conduit à reconnaître les
contours d'un immense pays de l'histoire avec
ses légions d'historiographes en rangs serrés.
Les sinologues nous l'ont appris : la divination
et les sacrifices sont les deux dispositifs qui
génèrent les devins-scribes, chargés de l'enregis-
trement de tout ce qui est rituel. Les signes, les
traces dont les devins sont les experts, naissent
des opérations sacrificielles et sont enregistrés,
«archivés» sur les «pièces divinatoires» que
constituent les omoplates de bovidé et les écailles
de tortue (découvertes hier et aujourd'hui par

les archéologues qui bénéficient de matériaux beaucoup plus durables que les disques dits durs de nos scribes et archivistes numériques). Baptisés «devins», les premiers auteurs des *Annales* sont les descendants en ligne directe du personnage appelé «scribe des divinations». Ils seront bientôt partagés entre historiens de la main gauche et historiens de la main droite.

Les «annalistes», d'abord attachés à chaque maison seigneuriale, vont devenir des fonctionnaires majeurs de la maison impériale[4]. Noter au jour le jour les faits et gestes du seigneur et du prince, à la fois ses déclarations et tous les «événements» survenus au cours du règne, voilà l'«opération historiographique» menée pendant plusieurs milliers d'années par une civilisation ignorée d'Aristote comme de Tite-Live, naturellement, mais aussi de Paul Ricœur et de Reinhart Koselleck, pour ne nommer que deux experts en la matière[5].

Qui voudrait, par exemple, chercher à comprendre ce que peut être la «conscience historique» dans la Chine ancienne en général — avant de préciser — devrait être attentif à deux aspects de cette forme d'historicité extrême-orientale. D'une part, que l'histoire annalistique des Chinois est et restera une «affaire d'État» jusqu'au XXe siècle ; de l'autre, que l'historien, en sa qualité d'héritier du scribe-devin, est invité à écrire les «événements» dans un texte qui rende lisible leur « sens caché ». En bref, et pour indiquer l'intérêt d'une approche comparative, il y a là une écriture de l'histoire qui vise essentiellement à élucider la jonction du Ciel et de l'humanité terrestre afin d'établir le sens véritable de tout ce qui semble changer dans la suite des « événements » mis scrupuleusement en écrit. Le « temps » de cette histoire, les sinologues l'ont montré avec soin, est un temps marqué par les vertus, un temps qui ne redoute rien d'imprévisible. On l'a compris : l'idée d'un « passé en soi » ne fait pas partie des évidences d'une historiographie inspirée par la divination et assujettie à la puissance impériale.

LES ANNALES,
AU TEMPS DES PONTIFES DE ROME

L'autre pas de côté — je n'en ai promis que deux — se fait en direction de Rome, la Rome antique et ses annalistes, moins ignorés grâce à Tite-Live, mais aussi méconnus, semble-t-il, parmi les historiographes d'Occident comme Ricœur et Koselleck. Si l'on considère le temps romain tel qu'il est construit et pratiqué par les Pontifes, il semble prometteur, au sens où nous sommes convenus de l'entendre, car plus ouvert que celui de la Chine à l'approfondissement de l'action humaine. Le temps « pontifical » prend forme dans une série de pratiques rituelles : au début de chaque mois, sur le Capitole, les Pontifes annoncent les *nones* (le neuvième jour avant les *ides*) publiquement et à voix haute. Chaque annonce officielle enclenche l'intervention du Roi chargé des affaires religieuses, le *Rex Sacrorum*, deuxième personnage dans la hiérarchie des prêtres et des magistrats de Rome. C'est au Roi qu'il revient de faire connaître les faits religieux du mois, le neuvième jour, donc aux *nones*. À la maîtrise du temps qui vient et qui commence, les Pontifes ajoutent une compétence sur le temps écoulé. En effet, ce sont eux, encore, qui gardent la mémoire de certains faits, d'événements survenus : expéditions guerrières, succès, défaites, sacrifices exemplaires, prodiges de toute espèce, signes envoyés par les dieux. Quand arrive la fin de l'année, le *Pontifex Maximus* semble avoir pris l'habitude d'afficher les événements saillants de l'année écoulée sur une tablette fixée aux murs de sa demeure. C'est une sorte de rapport, de bulletin de santé de la Ville, de l'état des choses entre les dieux et les hommes. Le Pontife de service est ainsi en mesure de décider des vœux et des cérémonies expiatoires les plus adéquats à l'inauguration de l'année qui s'ouvre. Il s'agit donc d'une maîtrise du temps échue à un personnage à la fois sacerdotal et officiel mais doté — Georges Dumézil y a insisté — de «liberté, d'initiative, de mouvement». L'écriture des premiers annalistes de Rome, suivis par les historiens à la manière de Tite-Live, va se couler dans la suite de ces rapports entre deux années «civiles»[6]. Ainsi s'instaure une opération historiographique de grand avenir : raconter les événements marquants d'une «nation» (car Rome apparaît tôt à la fois comme ville et comme nation) pour le meilleur et pour le pire.

Deux expériences, déjà faites ailleurs, et dans l'espace et dans le temps, que j'évoque sans inventorier leurs richesses pour de futurs comparables, mais qui font entrevoir combien nos plus simples évidences en matière d'historicité n'en sont pas pour des sociétés qui ont choisi de se donner d'autres manières d'«être dans le temps».

VIVRE ET PENSER LE TEMPS

Dans les années 1960, lorsqu'un étudiant en philosophie ouvrait son «Lalande», le dictionnaire de référence pour le vocabulaire philosophique, il apprenait en consultant l'article «Histoire[7]» qu'il fallait d'abord y voir l'objectivation de la suite des états par lesquels l'humanité a passé (pré-, proto-, etc.). Il n'était pas indispensable d'ajouter que tout est historique : philosophes et historiens le répétaient depuis un siècle. Tandis que l'article « Historicité » apprenait aux jeunes philosophes, d'une part, que l'historicité signifie le caractère de ce qui est historique et non fictif (« l'historicité du personnage de Jésus », dans la définition d'Émile Meyerson), de l'autre, qu'« historicité » pour traduire l'allemand *Geschichtlichkeit* indique « ce privilège qu'a l'homme de vivre dans l'histoire ».

Tous les lecteurs du « Lalande », depuis 1926, comprenaient qu'il s'agissait de l'homme occidental. Ce « privilège », le cours d'histoire le concrétisait depuis longtemps à l'école communale et dans l'enseignement primaire d'une grande partie de l'Europe et donc des États-Unis d'Amérique, en même temps qu'une rumeur bien établie affirmait l'existence de peuples sans histoire et sans civilisation, dans de lointaines colonies ou sur d'autres continents.

Plus tard, dans les années 1970, les apprentis philosophes ont pu découvrir d'autres perspectives stimulantes : par exemple que les sociétés de par le monde se différencient par leur propension « à se reconnaître ou non une dimension historique ». Vision d'anthropologue — il s'agit de Claude Lévi-Strauss — mettant en lumière, très crue à l'époque, une sorte de partage entre des sociétés qui « choisissent d'ignorer leur dimension historique » et d'autres ayant décidé d'organiser leur devenir les yeux ouverts sur le passé sans refuser de croire que l'histoire a un sens. Le même penseur irait jusqu'à proposer une méthode pour mesurer la « température historique » propre à chaque société[8].

Ne suffisait-il pas de se donner deux cas limites de « projet d'historicité » (au sens neutre d'« être dans le temps ») : l'un caractérisé par une répugnance à s'ouvrir à l'histoire ; l'autre, par la volonté de se servir de l'histoire comme d'un outil particulièrement efficace pour agir dans le présent et le transformer ? De manière plus allemande, l'historicisme apparaissait depuis les années 1930 comme la revendication d'une vision spécifique de l'histoire d'un peuple ou d'une nation avec son génie, avec sa vitalité propre. Une représentation de l'histoire qui venait démentir celle d'une histoire en marche par l'action des forces humaines identiques de par le monde. Chaque nation, souvent convaincue qu'elle était source de Vérité, en venait à penser et à faire croire qu'elle avait atteint le sommet de toute compréhension de la condition humaine[9].

DES GRECS
ENTRE LEURS ALLEMANDS
ET DES PÈRES DE L'ÉGLISE

En parlant du « privilège » que possède l'homme de vivre dans l'histoire pour signifier ce qu'est l'histoire au sens plein, le dictionnaire « Lalande » faisait surtout référence à la grande tradition de Hegel, celle que Paul Ricœur vient encore de reprendre en l'an 2000 dans sa réflexion sur *La mémoire, l'histoire, l'oubli*[10]. C'est en effet dans les *Leçons sur l'histoire de la philosophie* que Hegel proclame : « Grèce : à ce nom le cœur de l'homme cultivé d'Europe, et de nous Allemands en particulier, se sent en terre natale [...] Ils [les Grecs] se représentent leur existence séparée d'eux sous forme d'objet qui s'engendre pour lui-même et qui en tant que tel leur est échu en partage [...] De tout ce qu'ils ont possédé et été, ils se sont fait *une histoire.* Ils ne se sont donc pas seulement représenté la naissance du monde [...] mais encore celle de tous les aspects de leur existence [...] Ils ont vu tout cela naître *historiquement* chez eux comme leurs œuvres et leurs mérites [...] C'est dans ce caractère de *libre et belle historicité* [...] que se trouve le germe de la liberté pensante, et, par suite, ce trait caractéristique que la philosophie est née chez eux. » De même que les Grecs sont « chez eux » (à la maison), la philosophie peut jouir avec eux du même esprit de « familiarité » existant. Historicité et pure natalité : être et se sentir chez soi (*heimatlich in seiner Heimat*[11]).

Dessinant pour nous la « trajectoire » du concept d'historicité afin de nous introduire à l'« historialité » de Martin Heidegger, là où se resserre le débat entre ontologie et historiographie, Paul Ricœur nous prie de noter combien il est remarquable que le second contexte dans lequel Hegel parle d'*historicité* soit celui du « moment immense dans le christianisme », avec « le savoir que Christ est devenu un homme véritable ». Nous devons donc aux Pères de l'Église d'avoir développé « l'idée vraie de l'esprit sous la forme déterminée de l'historicité en même temps ». Ricœur y insiste encore : Hegel n'a employé le terme grave et profond d'historicité qu'à ces « deux moments cruciaux de l'histoire de l'esprit[12] ».

SENS DE L'HISTOIRE, ET LA CHUTE ENCORE

Du point de vue que nous avons choisi pour analyser certaines des représentations de l'histo-

ricité — qu'elles soient forgées par des philosophes ou des historiens —, nous pouvons
peut-être considérer les deux moments cruciaux
de l'histoire de l'esprit hégélien comme deux
de ces petites entités « à la romaine », attachées à
l'instant d'un événement qui serait l'*historicité*
en soi. Y chercher le redoublement d'un simple
« être-dans-l'histoire » serait se méprendre. Avec
Hegel et, en l'occurrence, Ricœur, il faut donc
reconnaître dans la Grèce et le christianisme les
deux « temps » distincts où s'incarne la puissance
de l'historicité, en sa double épiphanie, mi-
philosophique, mi-religieuse. Un philosophe en
exercice préférerait dire que l'historicité, telle
quelle, c'est l'histoire conçue métaphysiquement
ou, de façon plus hégélienne, c'est la dimension
propre à l'Esprit dans son cheminement jusqu'à
lui-même [13].

Entre les deux élus de la première historicité
de la philosophie, l'on pourrait déceler une
légère distinction qui relèverait de ce qu'il est
convenu d'appeler le « sens de l'histoire ». Je
n'ai pas voulu l'introduire dans la liste des petites
entités dressée précédemment, mais le « sens de
l'histoire » semble avoir une place d'honneur
dans le christianisme [14] alors qu'il est totalement
incongru dans la Grèce « de belle historicité »
chère à Hegel. À titre d'information, ajoutons
que l'idée que les Grecs « se sont fait une histoire
de tout ce qu'ils ont possédé et été » aurait semblé

absurde à Thucydide autant qu'à Hérodote. Avoir une conscience historique et croire que l'histoire a un sens sont des *fictions* d'un autre temps. Au pays du soleil couchant, dans l'Europe du XIXᵉ siècle, l'idée que l'histoire doit avoir un sens a longtemps fait partie des idées reçues, même si elle nous paraît aujourd'hui légèrement obsolète. Il s'agit, en effet, d'une composante majeure de la représentation du temps façonnée au début de l'institution baptisée Église (c'est-à-dire «assemblée», en grec) par une petite secte, vite implantée sur le site de la Ville, de cette Rome assurée de douze siècles pleins par la grâce de Romulus.

Confiant en une «Bonne Nouvelle», plus connue comme Évangile, et fort du succès de ses premières «assemblées», le christianisme et sa poignée d'apôtres, saisis par une fièvre de conversion, ambitionnent de conquérir la terre entière. Une volonté de catholicité conduit ses théologiens assermentés à prêcher sans relâche que la condition humaine dans le temps est déterminée par une chute ici-bas et la quête nécessaire d'un salut improbable. Selon la mythologie chrétienne, la croyance que l'histoire a un sens, et un seul, s'origine dans le récit de la damnation de l'homme, survenue en tant qu'il a été l'Adam d'une tradition hébraïque parmi d'autres. Peu importe l'histoire de la création d'un humain fait de glèbe et que le désir subtil de connaître le bien et le mal, comme un dieu, pense-t-il, condamne à la mort, loin d'un Jardin merveilleux, appelé Paradis à la mode perse. Très tôt, très vite, dans une petite coulée de tradition, l'espèce humaine, piégée par un dieu jardinier, se trouve stigmatisée par « un péché originel » si fascinant pour l'âme chrétienne qu'un Carthaginois fraîchement converti décide d'en être le théoricien irréductible[15].

Le ver est dans la pomme : Augustin — c'est lui le théologien à l'œuvre, au temps du sac de Rome par les Barbares (410) — imagine qu'un destin providentiel noue inextricablement le temps de la mort et celui de l'histoire. À la petite mythologie de l'exil d'un jardin, l'inventeur de la très glorieuse *Cité de Dieu* substitue l'odyssée mystérieuse de la grâce. L'homme, créé dans le temps, se trouve emporté sur les eaux silencieuses du fleuve de l'histoire, un fleuve qui le mène vers la mort et lui ouvre la voie du salut s'il fait partie des « prédestinés ». Le sens de l'histoire a été tracé de toute éternité, raconte Augustin l'inspiré ; le temps affecté par le péché est tendu vers la mort ; aucun salut n'est possible ni dans l'histoire ni par l'histoire ; seule « la grâce » peut introduire une coulée d'éternité dans le temps de « ce peu de bruit » terrestre ; nul ne sait qui fait partie des prédestinés et qui n'en fait pas partie ; seule lueur d'espoir dans la douleur de l'exil, c'est qu'augmente le nombre des élus extraits par Dieu de la masse «tout entière condamnée dans sa racine corrompue» jusqu'à ce que soit atteint le nombre des citoyens de la Cité de Dieu fixé par la Sagesse divine [16].

À partir du même récit de la chute depuis le même jardin céleste, Pélage, le rival d'Augustin, avait conçu une vision moins sombre de la créature humaine et de son «historicité». Une fiction corrige l'autre, on le sait. Certains croient que tout est ordonné par l'eschatologie, que l'origine est inséparable des fins dernières, que l'affirmation de la conscience est liée à l'historicité de la Révélation. D'autres qui aiment les bienfaits de la tradition sans larmes n'ont pas besoin de croire en un sens de l'histoire pour espérer quelques promesses de l'aventure humaine.

Par héritage et tradition culturelle, on peut croire que tout vivant naît «en dette»; reste à moduler envers qui, et pour quoi. Quelle faute ou péché l'on se reconnaît, quel devoir ou obligation de rendre ou de donner l'on choisit?

Les hommes sont libres de créer leurs dieux, en Orient comme en Occident, aujourd'hui comme hier. Hier, Hegel pensait que l'Europe était tout simplement la fin de l'histoire du monde. À l'approche du dernier millénaire, des esprits troublés par la chute d'un mur ont annoncé que l'histoire était achevée. Tandis que des voix métaphysiques, surgies entre deux grands

conflits mondiaux — après que Michelet eut
noté que «Jamais la mort n'avait eu de tels
triomphes pour le globe» —, s'élevaient pour
exiger des élus de l'espèce humaine la connaissance authentique de l'historicité fondamentale.

UNE HISTORICITÉ DE FER,
AU TEMPS DE LA DESTRUCTION

Pour observer une mise en perspective de la
condition historique de l'être humain contemporain, il n'est pas requis de gagner une position
de transcendance, il suffit de suivre le dialogue
entre un philosophe allemand d'inspiration
théologique et un penseur français d'obédience
protestante. Les deux partenaires sont profondément d'accord sur l'importance de la question
du « sens de l'histoire ». De ces deux partenaires,
il faut préciser que l'un, Martin Heidegger, avait
disparu en laissant derrière lui une masse d'écrits,
au moment où l'autre, Paul Ricœur, avec un
grand respect pour son confrère, se mettait à
réfléchir sur ce que les philosophes appellent la
condition historique[17]. Les deux penseurs che-
minent dans une même tradition de pensée :
elle commence en Grèce et se déploie dans le
christianisme d'Occident. Comme tant de vivants

« non penseurs », tous deux se pensent à la fois en dette et tombés, jetés dans l'ici-bas. Pour la plupart des mortels, avoir une conscience historique n'est pas nécessairement un souci prédominant, d'autant que peu d'historiens ou de philosophes s'inquiètent d'en fournir l'intelligence. Être dans l'histoire sonne creux, à moins d'être habité par un projet capable de donner sens et complétude à une vie entière. Pour l'Augustin de la « Cité de Dieu » dont nous avons déjà parlé, c'est le salut de l'âme qui fonde l'existence et lui donne un sens inséparable de la mort. La vision de Martin Heidegger, qui tient Augustin en grande estime, offre quelque chose de comparable par son radicalisme et son enracinement dans une expérience de la déchéance propre à l'être-là, le *dasein* en langue allemande.

Si l'horizon théologique et eschatologique est plus ou moins le même pour Augustin d'Hippone et Martin Heidegger, le *dasein* imaginé après les millions de morts de la Première Guerre mondiale présente des traits inédits. L'être-en-dette délimite l'être-là, jeté dans la nullité, certes, mais le *dasein* heideggérien ne se sent pas marqué par la culpabilité, il n'est pas habité par l'idée de faute, si forte dans l'héritage chrétien où se cultive la jouissance du péché commis par la vision, par les yeux et leurs voluptés mondaines. Alors que l'être-en-dette des Pères de l'Église s'affirme volontiers comme un « soi » qui s'accomplit en se préparant à la Rédemption ou à la Parousie selon l'Évangile des croyants, l'être-là de Heidegger est sommé d'apprendre à connaître le sens authentique de l'historicité. Pour le *dasein*, le « mis bas », il y a d'abord le *souci*. Plus précisément, seule l'angoisse existentielle peut fonder la mort, c'est-à-dire la mort en soi, comme la possibilité la plus propre de l'être-là ou *dasein*.

Si étrange que cela paraisse pour le commun des mortels, l'être-là est défini comme le lieu philosophique de l'histoire. Le sens de l'être qui est la question fondamentale détermine le sens de l'histoire, de l'historicité essentielle. Nous sommes loin de l'historiographie universitaire, celle d'Otto Ranke, d'Ernest Lavisse ou de Marc Bloch aux prises avec l'histoire quotidienne, en effet totalement insignifiante, sinon « an-historique » aux yeux du philosophe du *dasein*[18].

La temporalité des « historiens », racontant plus ou moins bien ce qui s'est passé entre 1914 et 1933, apparaît comme aveugle aux rapports « essentiels » du futur, du passé et du présent. Le seul mode authentique de temporalisation est donné par l'historicité du *dasein* : « L'être-là en projetant son futur *est son passé*[19]. » Formule que des philosophes, souvent convaincus de sa profondeur, éclairent à notre usage, d'une part, en nous apprenant que l'historique est à notre charge, que l'être-là doit aller vers un choix, vers une décision de nature à dévoiler les « possibi-

1- Protéger l'âme d'un chrétien: Un angelot brandit un scapulaire, plus efficace naguère qu'aucune marque d'identité pour sauver l'âme et le corps de qui en serait porteur à l'instant de la mort (Giambattista Tiepolo, plafond de la salle capitulaire, Scuola Grande dei Carmini, Venise).

Photo © Cameraphoto / akg-images.

2- Identifier, torturer et rendre anonyme: Peinture murale dans une rue de Téhéran représentant des scènes de torture à la prison d'Abu Ghraib, près de Bagdad. Le scapulaire est devenu une capuche noire rehaussée de fils électriques afin d'assurer l'anonymat du supplicié.

Photo © epa.

3-«Monsieur Pickwick posant pour son portrait.» Illustration de Hablot K. Browne dit «Phiz», extraite de *The Posthumous Papers of the Pickwick Club* de Charles Dickens.

4- L'œil d'un citoyen irakien scanné par un soldat américain, afin de constituer une base de données d'identification biométrique (nom, âge, adresse, religion, empreintes digitale et rétinienne, etc.).

5- **Martin Heidegger**, un penseur historial à l'œuvre pour penser « plus grec que les Grecs ». Profession de foi des professeurs d'université envers Hitler à Leipzig, le 11 novembre 1933.

Photo © akg-images.

6- Un médecin nazi au milieu de ses patients. Charnier au camp de Bergen-Belsen. Photographie prise lors de la libération du camp par l'armée britannique, le 15 avril 1945.

Photo © akg-images.

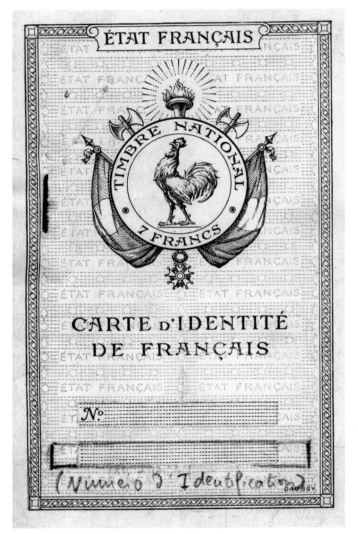

7- Projet de création d'un carnet signalétique individuel, premier modèle de carte d'identité de Français, 1941. Une preuve du «génie français» au temps du Maréchal et de la Collaboration.
Photo © MEIE/MBCPFPRE-CAEF.

lités originelles » ; de l'autre, en insistant sur le
fait que, selon le même Heidegger, il y a « répétition authentique d'une possibilité d'existence
passée ». Comme cela se dit en une langue parfois obscure : « Le fait que le *dasein* se choisit ses
héros, se fonde existentiellement dans la réso-
lution davantage, que c'est en elle seulement
qu'est choisi le choix qui rend libre pour la pour-
suite du combat et pour la fidélité du *répétable*[20]. »

Pour une pensée qui proclame l'oubli de l'Être
et annonce la fin de la métaphysique depuis les
années vingt du siècle dernier, l'*avoir été* a une
priorité sur le passé en tant que révolu. Dans un
présent de déchéance, l'être-pour-la-mort, donc
orienté vers le futur, doit connaître que le passé,
le passé « authentique », doit se dévoiler en tant
que répétition des possibilités qu'il recèle. La formule énigmatique citée précédemment — « l'être-
là en projetant son futur est *son passé* » — pourrait
être moins rebutante. On conviendra, toutefois,
qu'un tel passé-futur continue de perturber
l'historien nourri de l'idée d'un passé révolu, et
peut-être condamné à rester longtemps ignorant
que le seul « originaire » appartient aux Grecs, à
nos Grecs qui ont inauguré le questionnement
sur le sens de l'Être et de la Vérité[21].

Mettre en scène les usages philosophiques et
souvent publics des Grecs par Martin Heidegger
excéderait l'attention que je crois utile de porter
à la représentation d'une historicité mise en cir-

culation dans l'entrebâillement de deux guerres mondiales. Mon propos, qui se situe dans l'année 2010, m'autorise à glisser deux observations, en marge de ce que je continue d'appeler une fiction de l'historicité.

La première concerne la confidence, jamais démentie, faite par Heidegger à Karl Löwith, un de ses disciples et *son* Juif en exil : à savoir que la notion d'historicité avait été « le fondement de son engagement *politique* », celui du parti nazi, du « Discours de Rectorat » et de ce qui a suivi[22] (ill. 5). En lecteur vigilant de *Sein und Zeit* (*L'Être et le Temps*), Paul Ricœur a tenu à gloser aussi discrètement que possible la formule du « *dasein* qui se choisit ses héros », inscrite sur l'horizon d'une destinée prometteuse déjà.

Un choix authentique, on l'a noté à plusieurs reprises, ne concerne qu'un destin singulier, ce qui a pour conséquence, non négligeable dans ma perspective, que la vraie historialité ne peut se confondre avec le développement « objectif » d'une histoire nationale assujettie à l'insignifiance de ce que Heidegger appelle le « On » (*On* dit, l'opinion publique, etc.). La seconde observation concerne l'historicité d'une communauté, d'un peuple, qu'il soit grec ou germanique. On peut se demander, en effet, comment s'opère le passage de l'historique primordial que chacun de nous peut être, doit être en tant qu'être de souci, à un Peuple, au *Volk* de ces années-là, pour les compatriotes de Heidegger. Il semble que la transsubstantiation de l'historique singulier dans le Peuple en soi puisse se faire par la « génération ». Le spirituel en tant qu'authenticité sera « historial » dans et avec la génération. La génération avec ou sans guide, mais plutôt avec guide, si l'on en croit le contexte de ces pensées. De fait, si l'on s'accorde à regarder ce qui s'est passé, au sens trivial, la reconnaissance de la mission spirituelle de l'historicité se fait, s'écrit dans le « Discours de Rectorat », et l'entrée au parti nazi.

Pour s'engager dans l'anthropologie comparée de l'identité nationale en son mystère, il a semblé pertinent de s'arrêter davantage sur un cas de figure extrême, celui d'être-là — jeté au monde et contraint de choisir l'historicité pour autant qu'elle soit authentique. Une historicité dont on se souvient qu'elle est portée par une longue tradition, née dans le christianisme, et, de plus, repensée radicalement pour déboucher sur l'affirmation d'un peuple qui peut et qui doit être conscient de sa mission historiale et spirituelle. Que cela évoque pour certains ce qu'étaient la « conscience nationale » de Barrès ou la « révolution nationale » de Pétain ne dispense pas le comparatiste au travail d'analyser au plus près les différences des composantes et de leur agencement en « mystère », ici et là.

Chapitre V

L'HISTOIRE NATIONALE :
UNE SINGULARITÉ

Dans certains pays d'Europe comme l'Italie de Mussolini ou la France de longue date, la « conscience nationale » semble cheminer avec l'enseignement d'une « histoire nationale » située très près du cœur de l'identité dont nous cherchons à approcher le divin mystère.

Comment faire une « nation » avec treize colonies ? La question peut sembler une affaire oiseuse pour beaucoup d'Européens et autant d'Américains. Or elle s'est posée très clairement à la fin du XVIIIe siècle en Amérique, après la défaite des Anglais et la proclamation de l'Indépendance par les « Fondateurs » au Massachusetts et en Virginie, lorsqu'il a fallu asseoir, fonder la nouvelle collectivité. Une collectivité qui n'avait pas d'histoire, et même semblait vouloir se faire contre les injustices de l'histoire en se donnant des bases institutionnelles inédites. On comprend qu'en juillet 1776 les « Fondateurs » soient restés discrets sur l'idée qu'ils pouvaient se faire de la « nation » dont ni les Noirs esclaves ni les Indiens des environs ne devaient faire partie[1].

VALAQUES EN QUÊTE
DE RECONNAISSANCE

Laissons là ces commencements déroutants pour penser ce qu'est « une conscience historique et nationale », et déplaçons-nous en direction de la « Valaquie » contemporaine, au moment où George Bush, en 1997, accepte de recevoir à la Maison-Blanche une délégation de Valaques qui souhaitent former un État ou une nation. Vraisemblablement, les Valaques sont moins connus que les Mayas, les Grecs ou les Germains. Pour les situer rapidement sur la carte, il suffit de rappeler qu'ils font partie du monde macédonien, lequel a fondé sa légitimité « nationale », dans la première Yougoslavie déjà, à côté des Serbes, des Croates, des Slovènes et des Monténégrins, en 1945 donc.

L'originalité des Valaques, appelés aussi Aroumains ou Macédo-Roumains car ils parlent une langue romane, est d'avoir été longtemps nomades et transhumants, des pasteurs ainsi que des commerçants qui peu à peu se sont sédentarisés au milieu de Turcs, de Bulgares, de Roumains et de Serbes. Les connaisseurs s'accordent à dire qu'il n'est rien de plus difficile à définir dans l'histoire qu'un Valaque. L'archéologie leur est venue en aide : à Vergina, en Macédoine grecque, en 1977, on découvre un tombeau considéré comme celui de Philippe II, le père d'Alexandre le Grand. Même s'ils ont été le plus souvent les « étrangers » des autres, les Valaques se sentent en droit de revendiquer une part de l'héritage antique.

Une version court dans les Rhodopes, raconte l'ethnologue Jean-François Gossiaux : « Lorsque Bush était président, les Valaques ont été le voir : "Nous sommes valaques, nous voulons avoir notre État." Bush leur a alors demandé combien de gens étaient morts pour cette cause. Les Valaques se sont étonnés : "Pourquoi ? Il doit y avoir des tués ?" Et Bush leur a répondu : "Si vous voulez votre État, vous devez vous battre. Si vous n'avez pas de morts, vous n'avez pas de raison d'avoir un État." » Aux dernières nouvelles, les Valaques, qui avaient également déposé devant la Communauté européenne une demande de reconnaissance de l'identité « valaque » avec une langue et une culture « aroumaines », ont été mieux reçus. En 1997, la recommandation n° 1333 est approuvée et le Conseil de l'Europe reconnaît deux mille ans d'âge à leur culture, sans exiger un décompte des «morts pour la patrie»[2]. Ni les Valaques ni l'Europe n'ont besoin d'une nouvelle «nation» qui viendrait avec ses morts comme la Pologne ou avec son histoire fondée sur le sang versé comme celle d'une «Grande Serbie» d'il n'y a pas longtemps.

Dans les années 1980, un président américain, héritier de la «Majorité morale» de Reagan, avait sans doute oublié les premiers pas des treize colonies «sans histoire», et les conseillers qui écrivaient ses discours et préparaient ses entretiens «internationaux» devaient tenir pour négligeable tout ce qui précédait la fin de la Seconde Guerre mondiale. Il est vrai que, même dans une vieille province de l'Europe comme la France d'«Honneur et Patrie» (devise de la Légion d'honneur[3]), plus d'un est surpris de découvrir comment l'on fonde une «conscience nationale et historique» entre 1871 et 1914.

MAURICE BARRÈS :
RACINER LES FRANÇAIS
DANS LA TERRE ET LES MORTS

À peine évoqué à l'occasion de «la dette envers les morts», Maurice Barrès vient prendre la

place qui lui revient dans l'affirmation de la *singularité* nationale. Sous les auspices de la « Ligue
de la Patrie française », le 10 mars 1899, l'homme
politique et l'écrivain qui signe Maurice Barrès
devait prononcer sa fameuse conférence. Le
propos est grave : « Sur quelles réalités fonder
la conscience française[4] » ? La perte de l'Alsace-
Lorraine, l'affaire Dreyfus, la France humiliée,
trahie, dira-t-il : définir et défendre l'historicité
nationale est une œuvre de salut public. Il faut
d'abord juger les choses « en *historiens* plutôt
qu'en métaphysiciens[5] ». Une histoire comparée
d'une rive à l'autre du Rhin, nous allons y venir.

Pour créer ce qui manque aux Français depuis
un siècle, c'est-à-dire la « conscience nationale[6] »,
il faut, Barrès va le dire et le répéter, « un cimetière et un enseignement d'histoire[7] ». Des morts,
des ancêtres, la France du XIXᵉ siècle n'en manque
pas, mais elle a besoin, un besoin urgent, d'historiens qui enseignent la grandeur de son histoire. Il revient donc à la « patrie française », aux
milliers d'adhérents de sa ligue, de préparer
« quelques mesures propres à faciliter ce grave
enseignement national » de « la terre et les
morts[8] » (ill. 14).

Dans la mythologie de l'Occident, la Terre est
une haute figure, elle éclipse et le Ciel et l'Océan,
et, d'une rive à l'autre du Rhin, elle fait alliance
tantôt avec le sang tantôt avec les morts. La

« conscience nationale » selon Barrès ne se fonde pas sur une vague communauté de sentiment ni sur le souvenir d'une sorte de destin commun. Il faut « entendre la voix de la terre et des morts ».

« La terre nous donne une discipline, et nous sommes le prolongement de nos ancêtres[9] », leur esprit en foule parle en nous. Il suffit de savoir, d'apprendre que nous possédons pleinement l'expérience d'outre-tombe, transmise par le sol où nous sommes nés. Les cimetières font partie du terroir national, et Barrès aime citer l'historien-philosophe (il s'agit de Louis Ménard, contemporain de Fustel de Coulanges) qui « nous a appris qu'une religion commence avec le culte familial des morts[10] ». C'est pourquoi il faut « raciner les individus dans la terre et les morts[11] ». Dans les incantations barrésiennes s'opère une sorte d'extension de la terre cimétériale à l'ensemble du terroir de la France. Il semble alors que la religion, chrétienne et catholique, apporte à la nation l'infini et le sacré qu'elle ne peut refuser. Une communauté formée au long des siècles par l'action de l'histoire constitue une nation avec un territoire sur lequel vivent et grandissent des hommes unis par les liens d'une même civilisation. Nation et civilisation coïncident absolument.

Faire valoir l'héritage indivis, persévérer dans l'*être* : le souci majeur du nationalisme de Barrès, c'est que chaque question soit résolue par rap-

port à la France. Il exige que l'on enseigne aux
enfants la « *vérité française*, c'est-à-dire celle qui
est le plus utile à la nation[12] ». Éloge de l'histoire : seule elle révèle les lois auxquelles doit
obéir la nation ; seule elle fait connaître les
critères de comportement, les fixe et les immo-
bilise en « civilisation ». Rappelons-le : en 1892,
Ernest Lavisse commence une *Histoire de France*
appelée à devenir « monumentale », dont les
premiers volumes paraissent deux ans après *La
terre et les morts*. Dès 1884, Lavisse s'adresse à ses
étudiants, en des termes mémorables si l'on veut
comprendre pourquoi son enseignement d'histoire « fait le plein d'un moment national[13] » :
« Je sais bien que si je retirais de moi-même
certains sentiments et certaines idées, l'amour
du sol natal, le long souvenir des ancêtres, la joie
de retrouver mon âme dans leurs pensées et leurs
actions, dans leur histoire et dans leur légende ;
si je ne me sentais pas partie d'un tout dont
l'origine est perdue dans la brume et dont l'avenir
est indéfini ; si... si..., vraiment je ne saurais plus
ce que je suis et ce que je fais en ce monde. Je
perdrais la principale raison de vivre[14]. »

Ce n'est pas au Pérou, parmi les « Péruviens »
de San Martín (1821), ni au Venezuela que
prend racine le genre « histoire nationale », c'est
en Europe et avec le zèle que mettent à le cultiver
les occupants, cousins et rivaux, des deux rives
du Rhin. Car il y a les Prussiens en face de l'Île-

de-France, et Barrès qui entend fonder la conscience française mesure clairement l'avance qu'ils
ont prise sur ses compatriotes dont il sait qu'ils
ne forment pas une collectivité organique comme
les Teutons, mais un peuple « de formation politique ». Barrès désigne l'adversaire unique : la
Prusse. En 1806, elle était terrassée. Après Iéna
et la paix de Tilsit, elle cherche à relever l'État,
elle s'inspire de « la réalité, c'est-à-dire des précédents historiques prussiens et des circonstances » ; elle trouve l'aide des littérateurs, des
philosophes, des *éducateurs*, de tous ceux qui
« exercent une action directe sur l'esprit public ».
Historiens, professeurs d'histoire et hommes de
lettres (comme Barrès) sont invités, pressés de
créer l'état d'esprit national que demande à son
tour la « patrie française [15] ». Bien avant que les
sociologues n'en fassent la théorie, chacun sait
en Europe, au XIXᵉ siècle, que la transmission de
la culture nationale d'une génération à l'autre
se fait à l'école, de la « communale » à l'enseignement supérieur.

Les sociologues qui ont grandi dans un monde
où la nation et la patrie se côtoient depuis toujours croient volontiers qu'une « communauté
de souvenirs historiques », l'assurance d'une sorte
de destin commun, fait naître et croître aussi
bien du sentiment national que de l'amour de la
patrie. Car ce sont là des aspects obscurs et puis-

sants qui peuvent se mêler selon la couleur du temps, les choix politiques et la mise en œuvre de croyances, c'est-à-dire la manière dont elles sont cultivées ou injectées dans une société.

Du xixᵉ siècle à aujourd'hui, l'Europe constitue un vaste laboratoire pour voir ce que signifie une « communauté de souvenirs historiques » dans une culture partagée, à la fois écrite, parlée et visualisée à l'école par les instituteurs et les pédagogues nommés par les États du xixᵉ siècle. Il semble qu'un enseignement d'histoire ait donné au sentiment national une armature forte à laquelle sont venus s'arrimer selon les marées le « mourir pour l'amour de la patrie », les représentations d'un héritage ancestral, d'une mission providentielle, comme celles d'une race vitale, d'un sang pur, d'une terre sacrée, ou de tout ce qu'un imaginaire religieux, philosophique et intellectuel peut mettre en circulation. Les sectes, les confessions, les chapelles, les Églises sont là avec leur clergé en rangs serrés pour sacraliser aussi bien la terre et les morts que le sol et le sang.

UN ENSEIGNEMENT D'HISTOIRE

Enseigner en racontant l'histoire et fonder ainsi « la conscience française », pour un siècle

entier, ce fut l'œuvre d'un historien, doublement
« créateur » du genre « histoire nationale », si pré-
gnant en Europe, toujours. Ernest Lavisse voulait
que « la haute université » se mêlât intimement
à la vie nationale, que le primaire ne soit pas
séparé du supérieur[16]. Le premier manuel date
de 1884, il sera tiré à des millions d'exemplaires ;
dans le primaire, une seule histoire est étudiée :
l'histoire de France. Il faut en apprendre par
cœur les formules comme celle-ci, en 1912, qui
énonce un devoir : « Tu dois aimer la France
parce que la nature l'a faite belle et que son histoire l'a faite grande. » En moins de deux cents
pages, souvent construites autour d'une légende
sous une vignette (il y en aura jusqu'à 140), les
écoliers apprennent que la France est l'essence
de l'Europe, qu'en elle la patrie, la République
et la liberté n'ont cessé de s'épanouir pour former « notre » histoire qui est « *la chair de notre
chair*[17] ». Parallèlement, et dans le même esprit,
un autre petit livre fait son chemin qui s'appelle
Le tour de la France par deux enfants. Diffusé à des
milliers puis des millions d'exemplaires entre
1871 et 1976, il va inculquer, avec un ensemble
de connaissances utiles à la France des terroirs,
le sentiment qu'il y a en France une sorte de
similitude fondamentale, que la « singularité »
de la France, simple et forte, c'est que les individus et la collectivité se ressemblent plus qu'ailleurs (comme le dit le philosophe dont l'épouse

a rédigé les versions successives de ce *Tour de la France*[18]).

En 1976, deux historiens « désireux en quelque sorte de purifier leur mémoire historique, en repérant les stades originels et les processus de son aménagement », ont interrogé les livres de l'école primaire, ceux qui présentaient aux enfants « les figures les plus simples et les plus pures de notre histoire, dans l'état de fraîcheur du mythe naissant ». *Histoire mythologique des Français*, ainsi s'appelle le livre écrit entre nostalgie et tendresse par Claude Billard et Pierre Guibbert, conscients et de la « mystification » des citoyens et du poids formidable d'un tel *imaginaire national* sur la France des années 1980[19]. Il appartiendrait aux sociologues ainsi qu'aux anthropologues curieux d'historicité et d'historiographie de chercher à comprendre les effets d'une « histoire mythologique » sur une certaine idée de la France, en l'occurrence, dans l'esprit des plus simples comme dans la vision partagée d'une élite amenée à exercer ce qu'on appelle ordinairement « les plus hautes fonctions ». Ernest Lavisse souhaitait qu'on ne séparât point le supérieur du primaire. En 1972, au moment où le petit Lavisse semble exténué, un historien des croisades, qui est aussi un penseur reconnu du « Sacré », est appelé, par le responsable du volume de « La Pléiade » *La France et les Français*, à faire comprendre ce qu'est le «sentiment national».

PETIT LAVISSE
ET SENTIMENT NATIONAL

Il revient donc à Alphonse Dupront d'ouvrir en ladite «Encyclopédie» de prestige la section «La France et le monde». Chacun l'a appris à l'école, la France est le peuple élu de l'histoire. La France naît nation, elle est terre de la naissance, tout en elle est naturellement, spontanément national, son lait, ses larmes, son sourire. «La France est terre et figure d'une terre; elle est histoire, personne, esprit enfin.» On pourrait multiplier les citations et en écouter les mots ruisseler dans les discours contemporains : la France est un idéal, une société d'accomplissement; avec ses morts et leur présence, «l'éternel devient palpable». Michelet, Péguy, «notre France», une «*terre qui par la mémoire et la présence des morts s'approfondit en histoire*[20]». Avant Dupront et son travail de bénédictin, Barrès l'avait compris : «la France, une nation qui a fait des croisades dans un sentiment d'émancipation et de fraternité, qui a proclamé par la Révolution le droit des peuples à disposer d'eux-mêmes[21].»

Après la France des Croisades et de la Révolution, Dupront qui est en charge de « La France et le monde » s'approche des ultimes décennies du XIXᵉ siècle, lorsque la France « se détourne d'une Europe où son règne est atteint pour se découvrir splendidement fondatrice d'empire[22] ». Le Français est marqué par une « *incapacité nationaliste* » (doc. 8). « Citoyen du monde, dès lors ? Certes pas, mais *le monde, une autre France*[23]. » Quelques années après les fêtes et les fièvres de 1968, après le deuil de Vichy, qui semble plein d'avenir, avec notre léger recul : nation ? « Le mot n'est plus que d'analyse politique. Tout le *singulier* dès lors se concentre dans la conscience, le besoin, *la foi d'être français*[24]. » Il serait certes bienvenu, au moment d'interroger « la singularité », de penser qu'en Valachie, en Padanie ou dans l'Allemagne du IIIᵉ Reich la même « conscience », le même « besoin » pourraient culminer dans la « foi » d'être valaque, padan ou aryen « pur sang ».

L'instituteur prussien contemporain d'Ernest Lavisse apprenait à ses élèves la grandeur antique d'un pays et d'une nation dont l'historien officiel, choisi par Guillaume II, s'appelait Heinrich von Treitschke, disciple de Ranke et convaincu comme lui qu'un destin providentiel était réservé à la nation germanique. L'État allemand est naturellement en droit d'exiger de ses historiens en chaire qu'ils mettent à sa disposition les res-

sources des sciences de l'Antiquité germanique,
qu'ils assurent la pleine légitimité du patrimoine
ancestral, qu'ils contribuent à faire connaître
comme il se doit, avec H. S. Chamberlain (1898),
les qualités fondamentales de la « race » germanique ainsi que la supériorité des Aryens ou des
Indo-Germains. L'antisémitisme, de bonne tradition luthérienne dans l'Allemagne, n'a jamais
fait défaut au sentiment national, mais sa vitalité
a décuplé avec l'institution d'un culte du sang et
des ancêtres[25].

LE SANG GERMANIQUE,
L'HÉRITAGE DES ANCÊTRES

Assez vite, semble-t-il, l'Allemagne a choisi de
fonder la conscience nationale sur le sang hérité
des ancêtres. La vision française d'une présence
en nous de nos ancêtres est restée à la fois frivole
et trop cimétériale pour contrebalancer, même
sous Vichy, la force d'un sang porteur de l'immortalité du Peuple que va faire triompher le
nazisme du IIIe Reich. Dans les forêts noires de
l'Occident, la mythologie du sang a connu un
long règne, assuré par le christianisme avec ses
pratiques dites d'Eucharistie et sa haine envers
les Juifs. Au temps de Rosenberg et de la religion

de l'âme raciale, dans les années trente du siècle
dernier, des proches de Hitler vont tenter de
« nettoyer » « l'Écriture sainte », de l'épurer de
toute « falsification juive ». Un Christ aryen devait
montrer les affinités étroites de la germanité et
du christianisme si influent. Les Jeunesses hitlériennes — celles qui ont éduqué les adolescents
allemands devenus aujourd'hui des Européens
actifs — ont davantage été marquées par l'em-
prise de la Fondation scientifique des SS, baptisée « Héritage des Ancêtres » (*Ahnenerbe*).

Les théoriciens en collaboration avec des universitaires travaillent alors sans relâche pour
faire des découvertes fondamentales : que le
sang perdure dans son essence à travers les âges,
qu'il se renouvelle aussi longtemps que nul
« péché de métissage » ne vient l'entacher, que
sa pureté doit être protégée par la force et la
« transcendance » du Reich. Le mouvement des
Jeunesses hitlériennes, étendu bien au-delà d'une
seule classe d'âge, entendait forger une nouvelle
aristocratie aryenne, issue du sang et de la terre
germaniques. Du primaire à l'université, les
éducateurs, les enseignants, les professeurs ont
fait savoir avec autorité que tout contact sexuel
entre un Juif et une Allemande « imprègne » et
empoisonne à jamais la descendance de celle-ci.
« Sang et Honneur » : telle devait être la devise
inscrite dans la conscience raciale des membres

du parti nazi et de toutes celles ou ceux pressés de faire le salut hitlérien[26].

UNE EXTRÊME
SINGULARITÉ NATIONALE

Dans la quête de ce qu'est une « singularité », il semble intéressant de comprendre les voies distinctes ouvertes par des orientations entées sur un projet de « mêmeté » et d'affirmation d'identité nationale. Le plus souvent, beaucoup le savent d'expérience amère, ceux qui n'ont pas les mêmes racines ni le même héritage historique peuvent être conspués, jetés dehors, parfois remis entre les mains de ceux qui les feront disparaître. Ceux qui, déjà « déracinés » ici et là, sont déclarés publiquement souillés d'un sang impur doivent, dans certaines situations d'extrême violence, être exterminés aussi totalement que le décide un pouvoir totalitaire.

Dans des situations comme celles que je viens d'évoquer, des historiens de la nation et de la « race » sont prêts à se mettre au service de « scientifiques » et de leurs collaborateurs. Afin de montrer, à ceux qui l'ignorent pour être nés après coup, en quels états extrêmes un imagi-

naire de la mêmeté du sang peut jeter une nation
et ses « autres », les « Squelettes de Strasbourg »
offrent une scène, inévitablement macabre, sur
laquelle des historiens, justes et exigeants, ont
voulu reconstituer les expériences et les pratiques mises en œuvre dans une entreprise de
« régénération du peuple allemand »[27]. Un professeur de la Nouvelle Université de Strasbourg,
le Dr Hirt, directeur de l'Institut d'anatomie, a
conçu ce projet de recherche ambitieux sur des
sujets humains : il s'agit d'identifier les traits
spécifiques de la race la plus apte au combat,
celle qui affronte la mort avec le courage le plus
déterminé.

Depuis plusieurs décennies, des penseurs, des
écrivains, des philosophes — qui ne seront nulle-
ment mêlés au programme ultra-confidentiel de
Strasbourg — ont répandu, dans leurs livres et
dans leurs cours, l'idée que l'existence humaine
prend un sens authentique face à la mort, et que
la grandeur de l'homme se forge dans la volonté
de combattre, de faire la guerre au lieu de s'en-
liser dans les sables de l'insouciance. Le projet
scientifique du Dr Hirt, élaboré à la fin de 1942,
est reçu avec enthousiasme par Heinrich Himmler,
le Reichsführer-SS. Toutes facilités sont accor-
dées avec les règles de rigueur d'une grande
bureaucratie. Parmi les dernières acquisitions
de l'Institut d'anatomie, le Dr Hirt disposait déjà
d'une série de crânes de « commissaires judéo-

bolcheviques», des individus relevant d'une sous-humanité répugnante, mais caractéristiques. Le Dr Hirt entend recevoir du matériel humain de qualité et déjà analysé de façon scientifique, donc pourvu de mensurations exactes ainsi que des données personnelles indispensables. Pour comparer, comme il convient en anatomie comparée, le maître du projet souhaite recevoir entre 100 et 150 sujets juifs, mâles et femelles, afin de les étudier en regard d'une population aryenne, également choisie. Il s'agit de démontrer matériellement la spécificité raciale de la population juive afin de cerner au mieux les vraisemblables «transitions raciales» qui caractérisent le passage de l'Europe à l'Asie, la pierre de touche étant l'effacement des traits sexuels secondaires. Une fois les mensurations «anthropologiques» consignées, les examens radiologiques et sanguins terminés, la chambre à gaz est enfin prête (doc. 9). Avec l'aide d'une équipe dévouée et expérimentée, le Dr Hirt peut ainsi, au mois d'août 1943, commencer à éclairer, «à travers l'observation directe, les rapports entre les origines raciales et les comportements individuels et collectifs des alliés et des ennemis du Reich, en situation de combat, face à la mort[28]» (ill. 6).

Un demi-siècle après les effets produits par la singularité exemplaire du sang aryen, la question de la «singularité» de l'Allemagne, de son histoire, de son cheminement dans le temps (son *Sonderweg*) suscite un vif débat entre historiens et philosophes. Dans l'Europe, celle qui se réfère encore à l'Occident, les historiens demeurent les experts de l'Histoire, ils sont en charge du Sens qu'elle doit avoir ou qu'elle pourrait avoir quand Elle (l'Histoire) se trouve *en présence* d'un passé et d'un avenir, parfois aussi incertains l'un que l'autre. Par habitude, d'aucuns parleraient de crise. La « singularité », qu'elle soit nationale ou historique, suscite une série de questions. Elles sont brutalement jetées, en Allemagne, entre 1986 et 1988. Sommes-nous différents des autres sous le rapport historique ? Quelle est l'identité de la République fédérale ? Faut-il craindre que l'on puisse s'approprier l'histoire allemande ? Comment un pays qui serait privé de son histoire pourrait-il donner un contenu à sa mémoire et conjoindre un avenir à un passé ? Peut-on développer les traditions de la culture allemande sans assumer le « contexte » dans lequel ont été commis les crimes nazis ? Quel lien y a-t-il entre notre forme de vie contemporaine et celle de nos parents et grands-parents au temps d'Auschwitz ? Comment mettre entre parenthèses notre « particularisme » national, sans mettre en péril notre « conscience historique » [29] ?

Autant de questions qui se pressent autour de l'évidence d'une « singularité » à la fois nationale et historique. Elles sont, semble-t-il, fondamentales pour les sociétés qui ont reçu « le privilège de vivre dans l'histoire » — comme disait le « Lalande » —, c'est-à-dire d'avoir une conscience historique. Depuis plus d'un siècle en Europe, l'histoire nationale est un genre à la fois savant et littéraire. Elle apprend à chacun que l'histoire est un processus, que ce processus a un sens, et que ce sens est « singulier ». Avant de chercher à comprendre ce qu'est une singularité à l'échelle d'une nation, il convient de s'arrêter sur le genre « histoire nationale », cultivé depuis plus d'un siècle, nous l'avons vu.

HISTOIRE NATIONALE :
RESPONSABILITÉS

À l'observateur attentif des « nations » constitutives de l'Europe, il apparaît qu'un des risques de l'« histoire nationale », c'est de connaître des crises, des crises dites d'« identité historique ». Pour essayer de comprendre ce qu'un clinicien appelait autrefois une maladie chronique, j'aimerais suggérer un détour par une question formulée en 1994, sous la plume d'un historien, mi-allemand, mi-français, et peut-être plus européen que d'autres, une question cruciale et simple : Comment peut-on écrire une histoire nationale? c'est-à-dire une histoire de l'Allemagne *avant* l'Allemagne, du Royaume-Uni *avant* le Royaume-Uni, de la France *avant* la France, et la liste serait longue. Pour le dire encore plus clairement, comment écrire des histoires dites «nationales» avec du passé antérieur à l'existence «réelle» de nations qui, toutes, sont nées au XIXᵉ siècle en s'affirmant et s'opposant les unes aux autres[30]?

Tout est possible, la réponse est aussi simple que la question. Voilà vingt ans, un «grand historien de France», en quête de l'identité de son pays, décide qu'il est vital de rappeler à ses concitoyens de 1986 leurs origines néolithiques et paléolithiques (Lascaux «appartient» à la France), les millions de morts «français» dans le sol de leur terre, l'énorme héritage d'un passé qui fait éclater leur grandeur aux yeux du monde[31]. Une «histoire nationale» non seulement est possible, mais elle ne cesse de s'écrire; davantage, c'est une nécessité. Il y va de notre «identité[32]». Plus généralement, de l'identité de chaque «nation», diront certains. À nouveau, je prendrai à témoin les Observateurs de l'Homme. Ils en conviennent sereinement, objectivement: «La France», sans offenser le Royaume-Uni, non plus que l'Allemagne, entend se présenter comme la province d'Europe où l'histoire nationale a durablement joué un rôle central.

Un enseignement de l'histoire, *critique* cette

fois, permettrait aux citoyens d'Europe de découvrir que, jusqu'au XVIIIᵉ siècle, le royaume de France a vécu au bord du Bassin parisien en attendant une série de « rattachements » comme celui de la Savoie ou de la Lorraine. « Je suis lorrain », Maurice Barrès laisse parler son cœur. « Depuis un siècle, seulement, mon petit pays est français. » 1766, on « rattache » : « Comment imaginer une pire histoire que celle de la Lorraine, disputée entre la France et l'Allemagne dès le Xᵉ siècle et que ces deux grands pays ne laissent pas vivre de sa vie organique. » Écoutons-le encore, le Barrès de « La patrie française » et de *La terre et les morts* : « Au XVIIᵉ siècle, environ les trois quarts d'une population totale de quatre cent mille habitants étaient morts dans les horreurs de l'occupation française. [...] Nous ne sommes pas entrés dans la patrie française parce que c'était notre goût ; en vérité, nous y sommes venus parce que nous étions piétinés tantôt par la France, tantôt par l'Allemagne, parce que nos ducs, n'ayant pas su nous organiser, manquaient à nous défendre et qu'après les atrocités dont nous avaient accablés les Français, il nous fallait de l'ordre et de la paix. » L'homme qui parle ainsi continuait le même discours en s'adressant à la France entière afin de la dresser contre la barbarie des Prussiens et des Allemands qui avaient « annexé » les villes mi-germaniques mi-françaises de l'Alsace [33].

De la France au Royaume-Uni, la même question semble pertinente : qu'est-ce qu'une histoire nationale du Royaume-Uni avant l'existence d'un Royaume-Uni ? L'Italie, l'Espagne ou la Grèce en seraient autant justiciables.

COUP D'ŒIL COMPARATISTE
SUR LA « TERRE »

Parmi les historiens « nationaux » ou simplement amenés à exercer leur métier dans le pays où ils ont vu le jour, certains ne se montrent pas indifférents à une approche que nous appellerions comparative. Le plus souvent, la comparaison se manifeste de deux manières : soit par un questionnement sur l'objet de la recherche, soit sous la forme d'un jugement motivé sur « les autres ». Deux exemples illustrent la première attitude, ils permettent de voir concrètement les questions que fait naître une recherche menée avec compétence par deux historiens dont l'un est en quête du sens de « Mourir pour la patrie », en France, et l'autre se charge d'explorer les valeurs de la « terre » des Français dans la longue durée. Il s'agit de deux topiques, choisies pour leur vertu critique parmi les dizaines d'une enquête collective sur lesdits « lieux de mémoire » en France, la France étant le lieu cadre. Le médiéviste Philippe Contamine sait que le Moyen Âge est plus européen que «français», que la «France» de Philippe Auguste ne peut être celle de 1871, que la guerre de 14-18 n'est pas du même ordre que les «expertises d'armes» et que les guerres individuelles du xiv⁰ siècle. Il se montre curieux des changements, parlerait volontiers de transformations majeures, tout en gardant le cap d'une histoire orientée par une chronologie qui assure à la France sa place dans le temps chrétien de l'Occident. En conclusion, il note : «Pour y voir plus clair, il faudrait examiner conjointement, *comparativement*, l'évolution du sentiment patriotique en France et dans les pays voisins, voire dans *d'autres civilisations*[34]. »

La «terre», qui vient ici après la «patrie», est analysée selon la même méthode : voir comment se façonne un objet, différent certes du «Panthéon» ou de *La Marseillaise*, mais qui paraît être une composante majeure de «l'identité nationale». Une histoire qui s'ouvre sur des millénaires, qui connaît, avant «la fin des paysans», le retour à la terre «du pétainisme», jusqu'à son idéalisation en «lieu de mémoire» et de tourisme aux yeux de beaucoup de Français. L'auteur, Armand Frémont, historien-géographe, doit rappeler que la terre est «le plus étendu des lieux de notre histoire», le plus profond, le plus présent, que nos racines paysannes plongent dans les millénaires, que « le paysage rural est l'expression d'une domestication quasi parfaite du sol », que « la terre des Français, fécondée depuis le néolithique, domestiquée et appropriée en cinq ou six millénaires, suscite [...] tous les intérêts de la raison et de la sensibilité ». Il sait aussi, comme tous les géographes-historiens, que les changements du « néolithique » amènent des apports de populations méditerranéennes avec des migrations venues d'Europe centrale par le Danube et peu à peu sédentarisées dans le Bassin « parisien ».

Il ne se laissera pas entraîner à parler d'un « néolithique français ». « Terre de France, Terre des Français ? », un historien-géographe doit au moins se poser la question : « Pour s'imposer aussi fortement dans le patrimoine des Français, la terre de France posséderait-elle quelque qualité particulière ? En fait, ce qui en est dit pourrait l'être de toutes les grandes civilisations paysannes. Très objectivement, ni l'histoire, ni la géographie n'accordent à la France une primauté particulière en Europe ou dans le monde[35]. »

Une approche plus résolument critique et, qui sait ?, comparative conduirait à se demander dans quelle vision singulière on en vient à faire de la « terre » un « lieu de mémoire » à côté de « Mourir pour la patrie ». Il semble que le mieux serait d'aller voir ce que signifie aujourd'hui

dans l'Inde hindouiste mourir pour la Vache-
Inde-Nation au nom de sa pureté autochtone
que menace le sang impur des musulmans. De
l'Inde, pourquoi ne pas passer au Japon et à son
inflexible volonté d'être né de sa terre même,
pour ensuite revenir par la Hongrie et la Pologne
vers Israël ? Une entreprise aussi française que
les « lieux de mémoire » ne semble pas avoir
envisagé de pareilles remises en question.

VANITY-CASE DE L'ARBITRE
DES SINGULARITÉS

L'autre manière de comparer que j'évoquais
se présente sous la forme d'un jugement motivé
des « Autres ». Ce sont précisément les « mémoires
comparées », conçues comme un prolongement
des « lieux de mémoire », qui offrent à ce type
de jugement l'occasion de s'exprimer[36]. Sur ce
terrain, la perspective se veut « résolument comparative » ; elle s'ouvre à « des pays voisins qui
ont une histoire commune et rendent la comparaison directe et familière[37] ». Il s'agit d'un
comparatisme fidèle à celui qu'avait proposé
cinquante ans auparavant Marc Bloch, et qui n'a
cessé d'inspirer aussi bien les historiens du
cercle des *Annales* que Fernand Braudel en son

Identité de la France. Un comparatisme de voisinage qui s'appuie sur une sorte de bon sens européen « qu'on ne peut comparer que ce qui est comparable [38] », mais assez efficace pour découvrir ce que son inventeur appelle la « loi de la mémoire ». La formule en est simple : « Nous [la France], nous avons la mémoire, ils [les Anglais] ont la tradition » (doc. 10). Aux « historiens étrangers », conviés aux « mémoires comparées », il appartient de se distribuer entre les pôles [39].

Un tel jugement motivé sur les Autres permet d'avancer en direction ce que pourrait être une « singularité » dans le champ du national. Du point de vue choisi par le découvreur de la « loi de la mémoire », il semble assuré que « la France, État-Nation par excellence et par ancienneté, a connu à la fois une exceptionnelle continuité et une brutale rupture de cette continuité par l'expérience révolutionnaire à ambition universalisante ». Autres aspects de la singularité de la France : qu'elle a vécu intensément « le passage décisif d'une conscience historique de soi à une conscience patrimoniale » ; que sa « prédisposition historique [...] à la mémoire » lui a permis de disposer d'un « passé transfiguré par l'activité mémorielle » et d'accomplir ainsi une « patrimonialisation de l'histoire elle-même », culminant dans la renaissance du sentiment national « amoureux [40] ».

Nous voici donc en vue d'une singularité de bon aloi : un État-Nation à la fois par excellence et par ancienneté ; une nation dotée d'une pré-disposition historique à la mémoire, et passée d'une conscience historique de soi à une conscience patrimoniale, d'évidence elle-même ancrée au plus profond de la mémoire nationale. Une mémoire vraisemblablement « unique » en Europe ou dans le monde. Grâce à l'exploration « comparée » du complexe « mémoire, histoire, nation », il semble que nous approchions des fondements de ce qui nous a si vivement attirés : le « mystère de l'identité nationale ». Qu'est-ce qu'une singularité ? De longue date, les historiens se sont contentés de l'affirmer, par exemple, en disant que l'Allemagne, c'est « la terre et le sang » ou que la France, c'est « une personne ». Plus récemment, certains d'entre eux ont cherché à problématiser la singularité de la nation et donc de l'identité nationale [41]. Singulier évoque ce qui ne ressemble point aux autres, ce qui provoque l'étonnement, ce qui affecte de se distinguer. Il y a dans la « singularité » quelque chose d'à la fois unique et « incomparable ».

Nul ne le conteste : l'histoire nationale est un genre, et l'on pourrait en faire avec profit l'his-toire comparée entre les riches provinces de l'Eu-rope, sans craindre de la prolonger en direction des continents où elle a trouvé des terres hospi-talières. Toutefois, c'est en Europe que, pour la définir, philosophes et historiens adoptent des positions contrastées. Les premiers, méprisants par habitude, restent souvent ignorants des cultures et des sociétés différentes de celles où ils sont nés et ont appris à philosopher. Ils sont donc libres de penser entre eux qu'« il y aurait comme un choix culturel sans retour, celui de l'écriture de l'histoire », une « antériorité » introuvable de l'histoire qui se parle et se trace en même temps[42]. Tandis que les historiens, leurs contemporains dans le monde académique et le milieu universitaire, reconnaissent entre eux que l'histoire nationale — qui n'est pas seulement un genre littéraire — « a, pendant des siècles, façonné en profondeur la conscience nationale[43] ». Certains, prudents et circonspects, aimeraient proposer une date voisine de l'avènement de la nation en devenir d'État, comme elle se rencontre au cours du XIXe siècle[44].

LE CADRE NATIONAL, RECADRÉ

Il n'est, en effet, rien de plus stable que le cadre national entre le XIXe et le XXe siècle, comme le note un historien, expert cette fois en « singularité de la France ». Le regard porté sur la singularité varie selon les tempéraments. Un historien voué aux Croisades et au Sacré comme Alphonse Dupront mettra l'accent sur l'élection de la France, s'arrêtera sur le mystère de l'enracinement dans la terre de France, fera découvrir l'excellence d'une terre « qui, par la mémoire et la présence des morts, s'approfondit en histoire[45] ». Tandis qu'un autre, formé à l'histoire critique et sociale des *Annales*, comme André Burguière, s'efforcera de « problématiser » la singularité française. S'esquisse alors l'histoire d'une genèse où l'on part « du particulier » pour découvrir une « singularité ». Ne suffit-il pas de montrer, écrit l'historien des *Annales*, « en quoi l'itinéraire *particulier* de notre histoire avait *sélectionné* certains traits qui *distinguent* notre société, notre culture de celles des autres nations[46] » ? Au lieu d'un constat « Nous avons la mémoire », Burguière préfère collecter une série de caractéristiques qui lui semblent déterminantes. Il y a d'abord la « précocité » à se raconter sa propre histoire et à relier « la France » à ses origines ; il y a ensuite la formation « précoce » de l'État qui construit le territoire de la nation[47].

Dans sa recherche de la singularité française, l'historien des *Annales* ne se laisse pas séduire par celles ou ceux qui veulent surprendre l'éclosion du « sentiment national » au cœur du XIVe siècle « français ». Avec raison, semble-t-il, il opine en faveur de la IIIe République qui voit la formation de l'unité nationale et l'unification culturelle du territoire[48]. Sans doute aussi pense-t-il à l'émergence de l'*Histoire de France* qui fait alors avec Ernest Lavisse « le plein d'un moment national », comme on nous l'a rappelé. Le même Burguière a d'ailleurs indiqué, au début de son enquête, que c'est la « singularité de notre histoire » qui constitue « non seulement la base, les racines mais la substance même de notre identité[49] ».

Au lecteur curieux de sa problématique, l'historien des *Annales* prend soin de rappeler à plusieurs reprises qu'il privilégie une approche comparatiste, fidèle aux enseignements de Marc Bloch. Invité lui aussi à la critique, son lecteur se demandera si la double « précocité » mise en avant a fait l'objet d'un questionnement conceptuel, si elle a été mise en perspective, par exemple, avec d'autres nations qui, depuis plus d'un siècle, revendiquent également une « singularité » forte, comme le Japon, l'Angleterre, l'Allemagne, le Mexique ou le Pérou des Péruviens. Il semble qu'une approche résolument comparatiste, de préférence *entre historiens et anthropologues*, pourrait être utile pour voir et analyser comment se façonne un objet du type « Histoire nationale ». Surtout lorsqu'une telle histoire, nous dit-on pour les Français, est devenue « comme une seconde nature[50] » (doc. 12).

Aujourd'hui comme naguère, l'histoire nationale ne cesse de s'écrire, elle se donne des siècles, voire des millénaires ; elle se découvre des traits singuliers, dans un rapport privilégié tantôt à son territoire, à la couleur de ses morts, à la fécondité de sa terre, tantôt à des manières de sentir, de manger et de penser venues du fond des âges, ou dans une prédisposition historique à la mémoire, unique et admirable. Il est temps de revenir vers l'historien qui a le mieux pénétré ce que Burguière appelle « les mystères de l'identité nationale[51] ». Dans une réflexion sur « Profane et Sacré en République[52] », Pierre Nora montre comment surgit la sacralité nationale : dès qu'une royauté sacrée illumine la France ; ensuite, par le transfert du divin à l'histoire nationale au tournant de la Révolution française ; enfin, lorsque la mémoire républicaine, en s'appropriant le temps et l'espace, se lance dans une entreprise d'inspiration sacrée. En France, il revient à l'histoire de prendre en charge la mémoire sacrée de la nation. Seule l'histoire est qualifiée pour atteindre l'essentiel de l'identité de la France.

N'est-ce pas elle qui est devenue, grâce aux historiens de la France et de France, l'épine dorsale de la conscience nationale (doc. 13) ? Nora le sait comme chacun : « Tous les pays ont donné à la nation un caractère sacré. » Il souhaite donc cerner le plus spécifique dans le sacré national et républicain de la France : l'unité, héritée de l'âge monarchique ; l'universalisme

par la grâce de l'élection et la mission catholique
de civilisation ; enfin, la mystique républicaine
portée par les liturgies de la commémoration.

Si la France, elle-même, est devenue sacrée
dans son histoire, il semble, d'après le même
historien clinicien, que son identité historique
et nationale souffre aujourd'hui de malaise et
d'une sorte d'anémie[53]. Aux historiens de la
singularité de chercher les remèdes appropriés
et de les faire connaître, éventuellement, aux
responsables du ministère de l'Identité nationale.
Profane en la matière, je me suis limité à aller au
plus près de ce qui, de l'intérieur de l'identité
nationale et historique, est appelé « mystère ».

Chapitre VI

DU MYSTÈRE AU MINISTÈRE, LA HONTE RÉPUBLICAINE

Un mystère a besoin de croyants, sinon il s'étiole et dépérit comme tant de mystères défunts. Heureusement, le besoin de croire est aussi dur et cruel dans l'espèce humaine que celui de boire et de manger, si nombreux sont ceux et celles avides de participer à un lieu institutionnel offrant à l'image qu'on a de soi-même sa cohésion, que ce soit une cellule familiale, un groupe, un parti, une paroisse, une communauté, un pays ou une nation. Avec la référence à l'image qu'on a de soi-même, nous sommes à proximité d'une société en voie d'oublier sa seule survie et soucieuse déjà de sa transmission probable. Regardons-la, par exemple, au stade hypothétique de la réplétion et du bonheur que donne une semi-complétude avec ses apprentis historiens, grandis dans le sein de la nation qui les a mis au jour et qu'ils ont appris à aimer comme une personne, dans un cadre si naturellement national à leurs yeux qui n'en ont jamais vu d'autre. Vraisemblablement, ces jeunes historieux, livrés à une éducation toute nationale, seront vite portés à focaliser la *singularité* de la nation mère et patrie, dont l'itinéraire particulier dans le temps a sélectionné les traits qui la distinguent de toutes les autres, que ce soit sa forme divine de Vache sacrée[1] ou son étonnante précocité à se raconter son élection et ses origines.

En traversant les terres arides de la dette envers les morts et en découvrant les premières futaies de l'historicité, il m'est arrivé de parler de fictions, de mythes, de mythologies et même de mythidéologies. M'y avaient invité certains de ceux qui croient dans le mystère que je voulais approcher. Peut-être n'est-il pas inopportun de s'arrêter sur ce que pourraient signifier mythe et mythidéologie. En Occident, au sens le plus prolifique, mythe et mythologie parlent encore et toujours la langue d'Homère, celle qui s'est tissée à nouveau entre Grecs et Américains depuis le xviiie siècle. Plus récemment, on nous a appris qu'un mythe, en général et sans formalité, est une histoire, tenue pour « vraie », transmise de la bouche à l'oreille ; que celle-ci peut aussi bien parler du temps où les animaux et les hommes n'étaient pas encore distincts que de la perte de l'immortalité, de la découverte du feu, de la naissance des dieux ou de l'apparition de l'espèce humaine dans les montagnes ou sur un bord de mer.

Nul ne devrait être empalé ni déchu de sa nationalité pour avoir suggéré que ce que nous appelons mythologie pourrait être le produit d'un esprit préférant à des réponses partielles des « explications » englobant la totalité des phénomènes. Si nous n'écartons pas l'idée que nous aussi, aujourd'hui comme hier, nous produisons des mythes, nous pourrions admettre que les mythologies prennent forme par un besoin constant de disposer d'interprétations du monde capables de faire comprendre la totalité des phénomènes. On peut également penser que les mythes les plus présents dans une culture, et souvent sur un mode implicite, sont de bons objets pour la mémoire humaine. Très mémorables, ils sont dotés d'une sorte d'efficacité globale qui semble vouloir tout saisir et tout relier à tout[2].

Ce que les croyants appellent de l'intérieur « mystère », nous l'avons, de manière plus objective, désigné par « mythidéologie », comme une configuration complexe de représentations, d'images et d'idées. Cette complexité que chacun perçoit intuitivement, une mise en perspective de configurations distinctes dans le temps et dans l'espace permet, me semble-t-il, de l'analyser en focalisant les composantes et leur agencement là où le comparatiste peut en suivre tantôt le montage, tantôt les modalités de cristallisation. Dans la tradition européenne — qui, certes, restreint le champ mais semble avoir joué un rôle important dans le besoin d'identités en tous genres —, la multiplicité des expériences déjà faites rend plus attentif à l'existence, dans la culture du « sens commun », de *schémas concep-tuels* qui semblent à la fois stables et plus riches émotionnellement.

Les développements actuels de l'identification et de l'identité, à la fois en Europe et dans les pays anglo-saxons, font voir combien a été essentiel le support matériel inventé et imposé par la nation pour individualiser et « personnaliser » tout un chacun. D'où l'importance qu'il convient de reconnaître aux pratiques constitutives de l'identité, aux opérations administratives, à l'éta-blissement d'un état civil centralisé, à l'exigence politique d'une « identité nationale » devenant obligatoire. Parallèlement à ces pratiques de mise en fiches par les services de police et d'état civil, la mise en place d'une éducation de type national et homogène a permis d'inculquer aux citoyens d'une nation une représentation « histo-rique » de soi, avec l'autorité de l'imprimé lesté de ses images, souvent dès le primaire et jusque dans l'enseignement supérieur. Toute une part de la recherche actuelle en histoire de l'histoire entend comprendre comment des historiens, à la fois dans l'enseignement et dans l'écriture, ont renforcé et souvent façonné les mytholo-gies nationales et vite nationalistes. Sans doute faudra-t-il également commencer à évaluer leur « responsabilité », comme elle est apparue dans la violence du génocide de 1994 au Rwanda ou dans les massacres perpétrés au nom d'une « Grande Serbie » fictionnée par des académiciens et les historiens officiels. Un enseignement d'histoire venu d'en haut vaut bien un « ministère de l'Identité culturelle et de la Mémoire », ainsi qu'il est baptisé en Padanie, dans l'Italie du Nord, aujourd'hui.

Focaliser certaines composantes, plus lisibles que d'autres, ne signifie pas qu'elles soient « des liens primordiaux ». Chacun des éléments, repérés dans la reconnaissance ici faite de ces mythologies de l'identité, semble n'avoir de sens que dans les multiples relations qu'il peut nouer avec d'autres, dotés d'une plasticité *a priori* aussi grande. Il en va ainsi du sang, de la terre et des morts, pour citer les termes les plus travaillés dans les mythologies européennes depuis deux siècles. La terre, nous l'avons vu à plusieurs reprises, se prête à d'étranges métamorphoses : au lieu d'être le socle inébranlable des dieux et des hommes de notre mythologie scolaire, elle peut se faire surface plane, incessamment parcourue par des chasseurs nomades, comme ces Indiens d'Amazonie acharnés à effacer toute trace de leur présence, vivants et morts. C'est un nomade, venu de Chaldée, Abraham est son nom, qui passe pour avoir fondé le tombeau des

Patriarches et pour s'être mis en route vers une
« Terre promise », une terre que certains de ses
descendants présumés n'en finissent pas de récu-
ser, tandis que d'autres, farouchement décidés à
l'ancrer, en font une « Terre sacrée », pensant
ainsi la dénier à ceux qui la voulaient « sainte »,
selon leur religion conquérante. Dans ce qui est
appelé « l'Ancien Testament », par exemple, la
seule portion de sol qui soit dite « Terre sacrée »
apparaît sous la forme d'un « buisson ardent » en
plein milieu d'un désert[3]. Israël s'en souvient.

PETITE MYTHOLOGIE
DEVIENDRA GRANDE

Dans les milliers de cultures que nous connaissons aujourd'hui, il y a des mythologies d'autochtonie pour indigènes et aborigènes mais aussi
pour géographes-historiens comme ceux qui, en
Europe, dans leurs chaires universitaires, ont
identifié des lieux très anciens où des hommes
ont noué des liens avec la nature, depuis « très
longtemps ». Ils ont montré à leurs contemporains que ces lieux-là ont une physionomie, une
personnalité qui les met à part de tous les autres.
Il y a une mystique du sol comme il y a une
mystique de l'enracinement, tandis que, dans la

même ethnie d'Europe, s'invente autour de l'amour du sol natal la représentation d'un comportement politique — de «gauche» ou de «droite» — d'origine géologique, le granit étant de droite et le calcaire de gauche[4]. Dans les terres australes, on se souvient de l'étonnement de certains Anglo-Saxons, se disant sûrement entre eux «de bonne extraction» comme leur bétail, lorsqu'ils découvrent chez leurs aborigènes des liens à la terre qui ne sont pas de propriété mais de type religieux et lourds d'ancestralité topologique. Non loin de leur insularité d'origine, les mêmes Anglais auraient pu observer des ethnies qui se disaient d'Île-de-France et déployaient depuis une théologie chrétienne du XIIe siècle la grande mythologie de la terre et des morts, où allait prendre racine une histoire nationale de haute ramure. Nombreux sont les pays d'Europe où une mythologie de l'ancestralité se fonde sur l'idée «catholique» de cimetière comme lieu de communion entre les morts et les vivants, de ceux et celles qui font partie de la même «assemblée». Tandis que, hier encore, un sage du pays de Bade où le sang et la terre s'aiment d'amour violent professait l'enracinement de la «Vérité» philosophique dans le sol, dans la race ainsi que — fait plus rare — dans la langue de son ethnie.

Liens, droits et dettes se mêlent et se modulent à leur tour en fonction de la nature et des choix

des groupes humains, selon qu'ils sont en majorité paysans, chasseurs-cueilleurs, nomades à
demi sédentaires ou citadins de villes illimitées
où foisonnent des centaines de nouveaux liens
ethnico-religieux chargés de leurs propres mythes.
En se promenant ici et là, on peut rencontrer
des autochtones qui se disent enracinés et nés
de la terre même où ils se trouvent, et qui ne
prêtent aucune attention particulière aux morts
ou à l'ancestralité non plus qu'au sang et à ses
valeurs potentielles. Un peu plus loin, le même
promeneur curieux des variétés de l'espèce humaine découvrira peut-être l'étonnante hégé-
monie qu'exerce sur la terre avec ses morts le
sang transmis de vivant à vivant. Ce pourrait être
à travers l'imaginaire d'un sang épuré par une
alchimie matrimoniale entre gens dits nobles ou
grâce à l'intervention d'un sang fondamentalement pur, privilège d'une race baptisée
« aryenne » et miraculeusement préservée, par
la force d'un culte des ancêtres, de toute mésal-
liance et de tout métissage, une race si consciente
de son extrême pureté que, dit-on, elle se serait
montrée déterminée à exterminer les éventuels
porteurs d'un sang radicalement impur.

Une approche comparative comme je l'ai
esquissée fonctionne d'abord comme une sorte
de kaléidoscope où des fragments de couleurs
variées sont reflétés par un jeu de miroirs an-
gulaires mais sans nécessairement former des

figures symétriques. Elle permet de mettre en mouvement des configurations de genre polyédrique comme certaines de celles que nous venons de regarder, en allant d'une mythologie à l'autre. En vue de repérer, parmi tant d'expériences déjà faites, de bons « comparables », il conviendrait sans doute d'analyser en profondeur les composantes fixées et agencées dans certains schémas conceptuels qui semblent plus efficaces que d'autres. Ainsi, du côté de l'Occident, celui de la « terre et les morts » ou du « sang et la terre », qui bénéficient tous deux d'une longue vie. *Enquête à suivre.*

Il n'est pas inutile de rappeler en écho à nos premières remarques qu'une grande part de l'efficacité de ces mythologies d'Europe provient des représentations de la *mêmeté* : faire croire, se faire croire qu'on appartient à une collectivité dont les individus se ressemblent plus qu'ailleurs, sont nés du même sol ou possèdent le même sang depuis toujours. Il n'est pas impossible qu'une forme de bonheur, élémentaire sinon « primordial », puisse sourdre de l'idée « sécuritaire » d'être le même dans la mêmeté d'un groupe, qu'il soit national ou familial. Ce serait une façon de suggérer qu'une bonne « mythologie nationale » entée « au foyer rayonnant de l'identité » doit être assez bien configurée, conceptuellement et émotionnellement, pour s'autoreproduire.

Chapitre VII

EN RÉSUMÉ :
UN NATIONALISME ORDINAIRE

« N'espérez plus de [...] franchise, d'équité, de bons offices, de services, de bienveillance, de générosité, de fermeté dans un homme qui s'est depuis quelque temps livré à la Cour et qui secrètement veut sa fortune. Le reconnaissez-vous à son visage, à ses entretiens ? Il ne nomme plus chaque chose par son nom ; il n'y a plus pour lui de fripons, de fourbes, de sots et d'impertinents : celui dont il lui échapperait de dire ce qu'il en pense, est celui-là même qui venant à le savoir, l'empêcherait de cheminer. »

JEAN DE LA BRUYÈRE,
Les Caractères,
« De la Cour » (62, VIII).

Voilà quelques jours, le hasard m'a fait croiser un aimable « non-autochtone ». C'était à l'occasion d'un séminaire de recherche sur le principe d'incertitude du droit à l'identité (un sujet pointu pour anthropologues, théologiens et services de police). Curieux de savoir pourquoi je l'avais ainsi salué avec un sourire complice, mon interlocuteur m'a demandé ce que voulait dire « autochtone » en français et quel rapport il y avait entre cette étrange qualité et ce qu'on appelle l'« identité nationale ». Il avait entendu dire qu'elle existait en carte. Pouvait-on la trouver dans un distributeur, et à quel coin de rue ?

Autochtone, lui dis-je en m'excusant de la sonorité barbare, est un mot d'origine grecque ; il signifie que l'on se veut né de la terre même où l'on est. En Occident, si bizarre que cela paraisse, tout ce qui est « grec », peu ou prou, est important. Un simple coup d'œil sur le passé proche. Au milieu du Ve siècle avant notre ère, une petite cité-village de l'Hellade a été brutalement frappée par le virus de l'« hypertrophie du moi », une épidémie redoutable qui a conduit ses dirigeants à instituer une cérémonie annuelle dans laquelle un orateur, expert en oraison funèbre, célébrait devant les cercueils des morts à la guerre la gloire immémoriale des Athéniens. C'est ainsi que se nomment les seuls des Grecs à se penser « nés d'eux-mêmes » et destinés à apporter la « civilisation » à l'espèce humaine. Heureusement, ce terrible virus ne se transmet pas aux animaux, mais, après une période de latence, il peut être réactivé dans le genre humain, et davantage dans l'espèce des bipèdes sans plumes.

C'est ce qui est arrivé en Europe, au xixe siècle, quand les peuples, les nations, les citoyennetés sont devenus des enjeux majeurs entre des États concurrents. Je parle de l'Europe, car de l'autre côté de l'Atlantique, en 1776, lorsque treize petites colonies décident de se fédérer contre les Anglais, elles évitent de parler de « nation ». Ne sont-elles pas entourées et peuplées de Noirs esclaves et d'Indiens « déjà là » ? Ceux qui se proclament « native » américains au début du xxe siècle, les *vrais* Américains, le font pour tenter d'exclure les immigrants irlandais, polonais ou italiens qui menacent leur « identité », riche déjà de deux, voire trois générations. On le voit : il n'est pas simple de s'y retrouver entre indigènes, natifs, autochtones, nationaux, de souche, voire racinés. Comment expliquer en deux mots pourquoi, par exemple, la France (comme d'ailleurs les États-Unis) refuse de reconnaître les Droits des peuples autochtones, aujourd'hui 1200, alors que les juristes des Nations unies peinent à distinguer les « peuples premiers » de ceux qui seraient « autochtones » ?

Pour un « non-autochtone » sans préjugés, le mieux, semble-t-il, est d'avoir quelque lumière sur la chose dite « identité nationale ». Bien étrange pour qui vient d'ailleurs, mais assez simple à décrire dans la terre des Gaulois et des Francs où elle est née et a grandi. C'est, en effet, la France d'Europe (et non pas celle d'outre-mer) qui constitue le meilleur laboratoire pour analyser l'alchimie de l'identité nationale. Elle pourrait commencer par une approche légère et sans ornement de l'identité collective : ce qui permet à des êtres humains de croire qu'ils appartiennent à un groupe dont les individus se ressemblent plus que d'autres, parce que, comme il se dit, ils sont nés d'un même sol ou possèdent le même sang depuis toujours. En bref, l'identité d'une collectivité renvoie à la « mêmeté », être les mêmes, rester les mêmes. Ce qui peut survenir dans le cadre d'une tribu, d'une ethnie ou d'une nation. Comme vous l'entendez.

Dans « identité nationale », le terme identité est premier. Chacun peut savoir que, au dix-neuvième siècle, c'est un terme technique de la médecine légale : il renvoie à la reconnaissance d'une personne en état d'arrestation, d'un prisonnier évadé, d'un cadavre ou squelette soumis à l'examen des services de police judiciaire pour établir s'il est bien celui de tel individu distinct, en principe, de tous les autres. « Identité » surgit entre le mort et le vif. Cette première procédure s'ouvre directement sur l'objet matériel baptisé « carte d'identité », au long d'une histoire tumultueuse, passant par les techniques d'identification policière, l'invention des empreintes digitales et les différents labyrinthes juridiques pour aboutir en 1941, sous le régime de *Vichy*, à la création d'un « carnet signalétique individuel » des Français, suivi de près, en 1947, par le modèle « définitif » de la carte d'identité. Entre Pétain et de Gaulle, l'État français avait donné au « national » son support technologique en identification.

Quant au « national », dis-je à mon « non-autochtone », il avait grandi et bien poussé à côté de sa sœur Identité. Historiens, idéologues, politiques, religieux : tous ont pris une part active à lui donner ses traits fondamentaux. Les historiens, dès les années 1880, se mettent à écrire une histoire de la France, née d'elle-même ; les idéologues, parallèlement, entreprennent de forger une « conscience française » sur les fondements de « La terre et les morts ». Les politiques renforcent l'action des idéologues et des historiens en instituant un grand culte national des « morts pour la patrie », articulé à une puissante culture du national (répondant à la culture de la race des ennemis essentiels depuis la défaite de 1870). Quant aux religieux qui avaient inventé au XIIᵉ siècle le « cimetière chrétien », excluant les Juifs, les Infidèles, les étrangers et autres mécréants, ils continuent à entretenir, d'une République à la suivante, la croyance que nous sommes les héritiers des morts, de *nos* morts plus précisément, et depuis la préhistoire. De « grands historiens » s'en portent garants avec l'extrême droite et ses suiveurs.

À mesure qu'une société choisit de se reconnaître dans ses morts, dans la terre où elle s'enracine, dans celles et ceux, de mieux en mieux identifiés, qui lui appartiennent vraiment, elle doit exclure tout ce qui n'est pas du cru, de chez elle, non « *natural*», disent les Anglo-Saxons, c'est-à-dire les étrangers, les *foreigners*, et, en premier, les immigrés, si souvent utiles, sinon indispensables dans les économies européennes, hier, aujourd'hui et demain. Peu importe que, devenus des citoyens comme les autres à la deuxième, sinon à la première génération, en terre de France, les étrangers-immigrés soient immédiatement reconnus coupables des infortunes économiques et des angoisses sociales qui surviennent ici et là.

« Terre d'excellence », la France ne cesse de cultiver ce qu'elle appelle sa « singularité ». Historiens et politiques (ils ont souvent appris la même histoire à la « communale ») s'affairent à accumuler les preuves de l'« exception » française dans tous les domaines de l'intelligence et des compétences, les candidats aux dernières élections présidentielles dans cette province de l'Europe en témoignent par des proclamations, comme : La France, c'est charnel ; c'est un miracle ; elle seule peut exprimer les besoins profonds de l'esprit humain ; la biologie essentielle du peuple français en fait un groupe à part ; immigrés et étrangers sont une menace pour l'avenir de la France et son identité nationale.

Depuis les avancées de l'extrême droite avec ses 30 % de partisans et de sympathisants (c'est le chiffre de Vichy), en 2002, c'était dans l'air du temps. Il a fallu la rencontre sous la Coupole de deux historiens pour que jaillisse l'idée neuve qu'il y a un « mystère de l'identité nationale » et que s'impose, à gauche comme à droite, l'évidence que l'identité nationale est en crise : crise de notre identité historique, les historiens la diagnostiquent en experts, mondialement reconnus ; essayistes et philosophes le confirment : il y a rupture du lien avec nos morts. Dans l'urgence, le projet d'un ministère de l'Identité nationale devient une mesure de salut public. Il ne suffit pas de recourir à l'autosuffisance de l'imaginaire national, ni aux Trente Journées qui ont fait la France. Des informaticiens français mettent au point la machine intelligente qui permet de définir tous les paramètres de l'identité nationale : iris et rétine, empreintes digitales des doigts (de pied et de la main), âge, religion, lieu de naissance et de mouvance, casier judiciaire, couleur, ADN, goûts, lectures, fréquentations et toutes les nuances des sentiments d'appartenance à quoi que ce soit.

Il est temps de demander courtoisement à mon vis-à-vis « non-autochtone » d'où il vient, s'il est comme moi, un nomade sans racines : non point, me dit-il, « je suis un mayagyar de souche ». Parfait, vous êtes ici au pays de la Révélation de l'Identité Nationale. Un ministère flambant neuf vous attend si vous souhaitez être assimilé, mixé, brassé, métissé, inséré, intégré ou sinon expulsé. Lui seul connaît et possède la vérité de l'identité nationale et de son mystère.

Dépêche de dernière minute, disait-on naguère : la France envisage très sérieusement de modifier l'intitulé du ministère de l'Immigration et de l'Identité nationale, en y ajoutant « et du sentiment national », conformément à l'avis rendu par les scientifiques compétents. Dans la France de Lascaux et du Sacre de Reims, il semble urgent de rehausser l'identité nationale et de renforcer le sentiment d'être fier d'être français, pour les vrais Français. « Que ce pays soit très peu *raciste* avoue des fonds d'âmes à la mesure de la terre entière des hommes » (merci à Alphonse Dupont, penseur du Sacré et historien des Croisades).

Europe des incurables,
décembre 2009

APPENDICES

DOCUMENTS

1. PLATON

«Alors quel moyen aurions-nous, dis-je, de persuader surtout les dirigeants eux-mêmes, mais à défaut le reste de la cité, d'un certain noble mensonge, un de ces mensonges produits en cas de besoin dont nous parlions tout à l'heure?

— Quel mensonge? dit-il.

— Ce n'est rien de nouveau, dis-je, une invention d'origine phénicienne, qui s'est dans le passé présentée en nombre d'endroits déjà, à ce qu'affirment les poètes et à ce qu'ils ont fait croire, mais qui ne s'est pas présentée de notre temps, et je ne sais pas si cela pourrait se présenter : c'est que pour en persuader les gens, il faudrait une grande force de persuasion.

— Tu me fais l'effet, dit-il, de quelqu'un qui hésite à parler.

— Et il te semblera tout à fait normal que j'hésite, dis-je, une fois que j'aurai parlé.

— Parle, dit-il, et n'aie pas peur.

— Eh bien je parle — et pourtant je ne sais de quelle audace ni de quelles paroles il me faudra user pour parler, et pour entreprendre d'abord de persuader les dirigeants eux-mêmes et les militaires, et ensuite le reste de la cité également, de ceci : que ce dont nous les avons pourvus en les élevant et en les éduquant, c'était comme un songe qui leur donnait l'impression d'éprouver tout cela et de le voir se produire autour d'eux : mais qu'en vérité ils étaient alors sous la terre, en son sein, en train d'être modelés et élevés eux-mêmes, leurs armes et tout le reste de leur équipement étant en cours de fabrication ; qu'une fois que leur fabrication avait été terminée, la terre, qui est leur mère, les avait mis au monde ; et qu'à présent ils doivent délibérer au sujet du pays où ils sont, et le défendre contre quiconque l'attaque, comme si c'était là leur mère et leur nourrice, et penser aux autres citoyens comme à des frères nés comme eux de la terre. »

La République, trad. Pierre Pachet, Paris, Folio essais, 1993, III, 414b-414e.

2. JACQUES ROBICHEZ
ET JEAN-MARIE LE PEN

Jacques Robichez

« Nous allons donc entendre des historiens, nous allons remonter dans le passé de notre nation jusqu'à sa naissance et même au-delà, jusqu'aux éléments fondamentaux qui l'ont, comme providentiellement, constituée. »

« Avant-propos », in *Les origines de la France. XII* colloque du conseil scientifique du Front national* (octobre 1996), Paris, Éditions Nationales, « Débats », 1998, p. 9.

Jean-Marie Le Pen

« Il n'y aura pas de France sans Français [...].
Le patriotisme s'apparente à l'idée de propriété trans-
missible [...]. »

« Qui oserait, à part peut-être quelques traîtres, accepter qu'en échange de ce leurre, *la France, motte de terre
dans la main du paysan**, horizon du marin, berceau de
l'enfant, tombeau du héros, mère des arts, des armes et
des lois, *la France, fille aînée d'Athènes et de Rome*, fleuron
de l'histoire humaine, disparaisse ? »

« Oui, il y a inégalité des races comme il y a inégalité
des civilisations. Je persiste et signe, et précise que sans
inégalité, la France ne serait pas la France. »

« Oui, au cœur du combat politique, au cœur d'une
certaine idée de la France, se situe la question de la
mémoire. »

« La politique consiste [...] à actualiser une mémoire,
à maintenir vivante une tradition, à assumer un héritage
[...]. »

« [La France] remonte aussi loin que notre sang. [...]
Dans nos veines sourd encore leur mémoire [celle de
nos ancêtres]. »

« Pour une certaine idée de la France », in *Les origines de la France,
op. cit.*, p. 13, 14, 17, 24, 25, 26.

* Dans ce document, les italiques sont de Marcel Detienne.
(N.d.É.)

3. ALBERT THIBAUDET

« On écrira un jour la vie politique de Barrès. Il y aura un chapitre sur Barrès socialiste (1892-1897). Et l'on reconnaîtra peut-être que l'idée née avec Barrès sur les marches de la Lorraine était une manière de national-socialisme, fort antisémite, où, avec quelque artifice, on discernerait dès la fin du XIXᵉ siècle chez un écrivain français bien des thèmes apparus brusquement en Allemagne après la mort de Barrès. L'auteur des *Bastions de l'Est* a eu sa guerre en 1914. Il a son Allemagne en 1934. C'est d'ailleurs en Allemagne qu'il rencontrera toujours, à l'étranger, le plus d'attention et de commentateurs. »

Histoire de la littérature française, Paris, Stock, 1936, p. 476, cité par ZEEV STERNHELL, *Maurice Barrès et le nationalisme français*, Paris, Fayard, 2000, p. 13.

4. L'IDENTITÉ DE LA FRANCE

« [...] peut-être y a-t-il eu dans l'espace "français", en forçant les chiffres, un milliard d'hommes qui avant nous ont vécu, travaillé, agi, laissant, si peu que ce soit, des héritages incorporés à notre immense patrimoine. Vivants, nous sommes plus de 50 millions aujourd'hui ; à eux tous, nos morts sont une vingtaine de fois plus nombreux. Et n'oubliez pas qu'ils restent présents "sous les pieds des vivants". »

Fernand Braudel, *L'identité de la France*, Paris, Flammarion, 1990, p. 389.

« L'essentiel [...], c'est de mettre à sa place l'énorme héritage vivant de la Préhistoire. La France et les Français en sont les héritiers, les continuateurs, bien qu'inconscients. »

Fernand Braudel, *L'identité de la France, op. cit.*, p. 445.

« L'Histoire n'enseigne-t-elle pas [...] que [la France] est une nation forgée à partir d'un peuple, homogène depuis le paléolithique, et dont les grandes invasions n'ont que peu modifié le visage au cours des siècles ? »

Les origines de la France. XII colloque du conseil scientifique du Front national* (octobre 1996), Paris, Éditions Nationales, « Débats », 1998, quatrième de couverture.

« Si nous nous penchons sur l'histoire de notre peuple, nous ne pouvons qu'adopter la démarche de Fernand Braudel, qui refusait d'affirmer que "la Gaule n'existe pas avant la Gaule ou que la France n'existe pas avant la France". Il faut remonter sans complexe jusqu'aux millénaires antérieurs à la conquête romaine pour aller à la rencontre de nos ancêtres, de ce "milliard d'hommes, dont parle Braudel, qui avant nous ont vécu, travaillé, agi, laissant, si peu que ce soit, des héritages incorporés à notre immense patrimoine". »

Bruno Mégret, « La France, une réalité d'avenir », in *Les origines de la France, op. cit.*, p. 89.

5. MAURICE BARRÈS

« Nous venons de mettre sous vos yeux une loi importante de la production humaine : pour permettre à la conscience d'un pays tel que la France de se dégager, il faut raciner les individus dans la terre et dans les morts. Cette conception paraîtra fort matérielle à des personnes qui croient avoir atteint à un idéal d'autant plus élevé qu'elles ont mieux étouffé en elles la voix du sang et l'instinct du terroir. »

« [D'un esprit commun qui nous animerait,] il est né de cette conviction profonde qu'une patrie est fondée sur les morts et sur la terre, que les précédents historiques et les conditions géographiques sont deux réalités qui règlent la conscience nationale. »

La terre et les morts (Sur quelles réalités fonder la conscience française), Paris, La Patrie française, 1899, p. 27 et 30.

6. ALPHONSE DUPRONT

« [...] la stupéfiante et heureuse inconscience épique du Français à se sentir de plain-pied avec l'universel accuse dans la psychologie nationale au moins deux traits expressifs. L'un demeure, pris que nous sommes dans un geste à la mesure du monde, l'incapacité nationaliste. Quoiqu'il nous tienne, pas de nationalisme français ou peu. Le nationalisme implique des frontières ; le Français a vécu cette distorsion de n'avoir que des frontières physiques. Citoyen du monde, dès lors ? Certes pas, mais le monde, une autre France. Ainsi l'absence fondamentale de nationalisme français peut-elle être interprétée soit comme une incapacité humorale, mentale ou doctrinale, soit au contraire comme un supernationalisme outrageant de superbe innocente. L'autre trait serait justement cette indifférence à l'étranger, qui est un faux-semblant de l'accueil, mais aussi, en mode passif peut-être, une capacité de l'universel et de l'humain. Que ce pays soit très peu "raciste" avoue des fonds d'âmes à la mesure de la terre entière des hommes. »

« Du sentiment national », *in* Michel FRANÇOIS (dir.), *La France et les Français*, Paris, Gallimard, « Encyclopédie de la Pléiade », 1972, p. 1450.

7. ÉDOUARD CONTE

« Le 13 août 1943, Kramer, commandant de Natzweiler, est convoqué à l'Institut d'anatomie à Strasbourg ; Hirt lui "dit que ces personnes allaient devoir être tuées dans la chambre à gaz du camp de Struthof au moyen de gaz mortels et que leurs cadavres devaient ensuite être amenés à l'Institut afin que lui-même puisse en disposer. […] Après cette conversation, il me donna une bouteille qui contenait environ un quart de litre de sel ; je crois qu'il s'agissait de sel d'acide cyanhydrique (cyanure). Le professeur m'a dit environ quel dosage je devais appliquer pour empoisonner les détenus. […] Un soir je me suis rendu une première fois à la chambre à gaz avec un petit camion, vers neuf heures, avec environ quinze femmes. J'ai dit à ces femmes qu'elles devaient entrer dans la salle de désinfection, mais je ne leur ai pas dit qu'elles devaient y être empoisonnées.

Avec l'aide de quelques hommes de la SS je les ai désha-billées complètement et les ai poussées dans la chambre à gaz dès lors qu'elles étaient complètement nues. Quand les portes furent fermées, elles se mirent à hurler. Après avoir fermé les portes, j'ai introduit par un tuyau installé à droite du judas une certaine quantité de sel. [...] J'ai éclairé la pièce au moyen d'un inter-rupteur [...] et j'ai observé à travers le judas ce qui se passait à l'intérieur de la chambre. J'ai vu que les femmes ont encore respiré pendant une demi-minute environ, avant de tomber au sol." »

« Au terme de l'horreur », *in* Édouard CONTE et Cornelia ESSNER, *La quête de la race. Une anthropologie du nazisme*, Paris, Hachette, 1995, p. 247-248.

« Joseph Kramer déclare à son procès en 1945 que "les motifs des déportations ne le regardent absolument pas". [...] Ayant "reçu l'ordre d'exécuter" les détenus par le gaz, il "n'a éprouvé aucune émotion", ajoutant : "J'ai d'ailleurs été élevé comme ça." »

Édouard CONTE, « Au terme de l'horreur », *op. cit.*, p. 261.

8. ALFRED GROSSER

« Le plus souvent, l'enseignement de l'histoire pré-sente une réalité transformée par le désir de constituer ou de maintenir une identité nationale positive. [...] Le cas de la France vaut pourtant d'être regardé de plus près. Peu d'autres pays, en effet, accordent une place aussi importante à l'histoire et en font commencer l'en-seignement dès le primaire. Longtemps l'*Histoire de*

France a façonné les esprits et perpétué une image prioritaire et pleinement positive de la nation. Avec deux conséquences de taille, l'une négative, l'autre positive.

La négative se trouve suggérée par la formulation hardie d'un manuel du primaire encore en usage au début des années soixante : "Les Gaulois arrivent. La préhistoire est terminée." Est-on en droit de croire périmée cette façon de nier la Chine, les civilisations du Moyen-Orient, peut-être aussi la Grèce et Rome ? Mais aujourd'hui encore, tout le monde, chez nous, parle du musée d'Orsay comme du "musée du XIXᵉ siècle". Il s'agit en fait du XIXᵉ siècle français, peu d'œuvres non françaises se trouvant exposées. L'esprit des manuels fait encore des ravages. Parfois avec une bonne conscience stupéfiante. Ainsi lorsque André Malraux, ministre de la Culture, justifie à l'Assemblée nationale l'envoi à Tokyo de la Vénus de Milo. "Il y a tout de même quatre millions de Japonais, déclare-t-il en novembre 1964, pour aller voir le drapeau français placé derrière cette statue. Au Japon, comme au Brésil, lorsque les gens viennent applaudir la France, ils viennent applaudir la générosité de l'esprit exprimé par le génie français." Quel sculpteur français avait donc créé cette œuvre grecque ? Sans le francocentrisme de la formation des adolescents, disposerions-nous de tant de fières formules ?

« Notre action vise à atteindre des buts qui, parce qu'ils sont français, répondent à l'intérêt des hommes » (général de Gaulle, 1967). « Cet indéfinissable génie qui permet à la France de concevoir et d'exprimer les besoins profonds de l'esprit humain » (François Mitterrand, 1975). « La biologie profonde du peuple français en fait un groupe à part, à jamais distinct des autres peuples et destiné à devenir… une élite pour le monde » (Valéry Giscard d'Estaing, 1981).

Lorsque, en 1988, un Français, Jean-Loup Chrétien, fut autorisé à participer à un vol spatial soviétique, *Le Figaro* présenta les choses ainsi : "Accompagné de deux cosmonautes soviétiques, le Français a décollé du cosmodrome de Baïkonour exactement à l'heure prévue !"

Les identités difficiles, Paris, Presses de Sciences Po, 2007 (2ᵉ éd.), p. 78-80.

9. KARL POPPER

« Écrire l'histoire d'une société sur la longue durée revient à considérer que, par-delà toutes ses transformations d'état, cette société a conservé quelque chose d'immuable (une essence) qui ne peut être qu'un nom propre. *La France est et sera toujours la France**. Cette essence postulée n'est elle-même saisissable qu'à travers la description de ses changements qui devient alors la réalisation de ses potentialités cachées. »

Misère de l'historicisme, Paris, Plon, 1988 (Oxford, 1976), p. 43.

10   GEORGES DUBY ET ROBERT MANDROU

« Ce livre bref aura rempli son rôle s'il permet aux lecteurs de mieux saisir, *fixés par dix siècles d'histoire,*

---

* Dans ce document, l'italique est de Marcel Detienne. *(N.d.É.)*

les traits originaux de la France d'aujourd'hui, *cette personne**. »

Phrase finale de l'avant-propos de Georges Duby et Robert Mandrou, *Histoire de la civilisation française*, Paris, Colin, 1958.
Dans l'édition de 1968, la phrase a disparu.

11. FERNAND BRAUDEL

« "Observateur" aussi détaché que possible, l'historien doit se condamner à une sorte de silence personnel. […]. Dans mes ouvrages sur la Méditerranée ou sur le capitalisme, j'ai aperçu la France de loin, parfois de très loin, comme une réalité, mais au milieu d'autres, pareille à d'autres. J'arrive ainsi tard dans ce cercle tout proche de moi, si j'y arrive avec un plaisir évident : *l'historien, en effet, n'est de plain-pied qu'avec l'histoire de son propre pays***, il en comprend presque d'instinct les détours, les méandres, les originalités, les faiblesses. »

L'identité de la France, Paris, Flammarion, 1990, p. 10.

12. PIERRE NORA

« Restons d'abord au "niveau plancher" de la productivité historique. Ces objets apparemment triviaux, et

* Dans ce document, les italiques sont de Marcel Detienne. *(N.d.É.)*
** Dans ce document, l'italique est de Marcel Detienne. *(N.d.É.)*

jusqu'aux symboles fétiches de l'identité nationale —
La Marseillaise, les trois couleurs, la devise républicaine,
le 14 juillet, le Panthéon, les monuments aux morts, etc.
—, personne n'avait jusque-là songé à en faire vraiment
l'histoire, parce que, si incorporés qu'ils étaient à cette
identité vécue, célébrée, ritualisée, ils constituaient pour
ainsi dire l'angle mort de l'historiographie nationale. Il
ne s'agit pas seulement des symboles les plus éclatants,
mais, de proche en proche, de toutes *les composantes de
l'identité nationale**; des plus évidents, comme Jeanne
d'Arc et la tour Eiffel, aux plus marginaux, comme
le dictionnaire Larousse ou le Tour de France. Et
c'est précisément une des vertus, à mes yeux, de cette
approche nouvelle que *de ramener au centre de la grande
histoire*, au *foyer rayonnant de l'identité*, toute cette moisson
de sujets apparemment marginaux et périphériques
— un musée, un livre pour enfants, une peinture de
paysage. »

« La pensée réchauffée », *in* Perry Anderson, *La pensée tiède. Un
regard critique sur la culture française*, Paris, Seuil, 2005, p. 117.

* Dans ce document, les italiques sont de Marcel Detienne.
(N.d.É.)

NOTES

I. ENTREVOIR

1. *Discours de réception de Pierre Nora à l'Académie française et réponse de René Rémond*, Paris, Gallimard, 2002, p. 73.

2. Propos d'interview : Paul Ricœur raconte « La mémoire heureuse », dans *Notre Histoire*, n° 180, sept. 2000, p. 9. Il ajoute : « [l'histoire] a également la charge de rouvrir des dossiers, de s'interroger sur les *récits vrais* qui ont été proposés. »

3. Tout lecteur d'histoire peut aisément comprendre qu'il en est ainsi le plus souvent.

4. On me permettra de renvoyer sur le comparatisme à Marcel Detienne, *Comparer l'incomparable*, Paris, Seuil, 2009, en particulier p. 9-39.

5. Formule parmi d'autres venue sous la plume d'un anthropologue américain de très haut vol, Clifford Geertz, qui vient de disparaître mais nous laisse des livres merveilleux comme *Ici et là-bas. L'anthropologue comme auteur* (1988), trad. D. Lemoine, Paris, Métailié, 1996 (p. 142, pour la citation).

6. Hypothèses offertes notamment par Pascal Boyer,

Et l'homme créa les dieux (2001), Paris, Gallimard, « Folio
essais », 2003.

II. LES MÉTAMORPHOSES
DE L'AUTOCHTONIE AU TEMPS
DE L'IDENTITÉ NATIONALE

1. Voir Catherine Clément, *Qu'est-ce qu'un peuple
premier ?*, Paris, Panama, 2006, qui déploie largement
les questions posées par ce qui est « premier » et « autochtone ». La Déclaration des Nations unies est repro-
duite p. 203-222.

2. Pour en savoir davantage, on me permettra de
renvoyer à Marcel Detienne, *Comment être autochtone. Du
pur Athénien au Français raciné*, Paris, Seuil, 2003.

3. Voir Isabelle Merle, « Le Mabo Case. L'Australie
face à son passé colonial », *Annales HSS*, mars-avril 1998,
2, p. 209-229.

4. Paul Ricœur y a souvent réfléchi. Par exemple dans
sa contribution « Individu et identité personnelle » au
volume collectif *Sur l'individu*, Paris, Seuil, 1987, p. 54-57.

5. Longue et riche histoire, menée principalement par
Ignace Meyerson qui a pensé et dirigé le volume collectif
Problèmes de la personne (EPHE, VIᵉ section), Paris-La
Haye, Mouton, 1973. Je suis souvent de près sa contri-
bution finale « La personne et son histoire » (p. 473-482).

6. Deux ouvrages essentiels : Gérard Noiriel, *La tyran-
nie du national. Le droit d'asile en Europe, 1793-1993*, Paris,
Calmann-Lévy, 1991, et *État, nation et immigration* (2001),
Paris, Gallimard, « Folio histoire », 2005.

7. Voir Peter Sahlins, « La nationalité avant la lettre »,
Annales HSS, sept.-oct. 2000, 5, p. 1081-1108.

8. Gérard Noiriel, *État, nation et immigration, op. cit.*, p. 137-145.

9. Une réflexion critique, qui ne croit pas indispensable de produire une « théorie du nationalisme » : Pierre Birnbaum, « Dimensions du nationalisme », in *Sociologie des nationalismes*, sous la direction du même, Paris, PUF, 1997, p. 1-33.

III. LA DETTE ENVERS LES MORTS

1. Textes et documents dans les ouvrages de Gérard Noiriel, *La tyrannie du national. Le droit d'asile en Europe, 1793-1993, op. cit.*, et *État, nation et immigration, op. cit.*

2. Maurice Barrès, *La terre et les morts (Sur quelles réalités fonder la conscience française)*, Paris, La Patrie française, 1899. Opuscule qui devrait être réédité comme l'a été la conférence d'Ernest Renan. À lire, Zeev Sternhell, *Maurice Barrès et le nationalisme français* (1972), Bruxelles, Complexe, 1985. Nouvelle édition, Paris, Fayard, 2000 (Préface : « De l'historicisme au nationalisme de la terre et des morts »).

3. Émile Durkheim, *Textes*, III, Paris, Minuit, 1975, p. 178-186 (« Débat sur le nationalisme et le patriotisme », 1905).

4. Je souligne.

5. *Ibid.*, I, Paris, 1975, p. 148 (je souligne encore). Déjà pointé par Gérard Noiriel, « La question nationale comme objet de l'histoire sociale », *Genèses*, 4, mai 1991, p. 78-79.

6. Jules Michelet, *La cité des vivants et des morts. Préfaces et introductions*, présentées par Claude Lefort, Paris, Belin, 2002, p. 397.

7. *Ibid.*, p. 9.

8. *Ibid.*, p. 63.

9. *Ibid.*, p. 444.

10. *Ibid.*, p. 55-56 ; 444.

11. Maurice Barrès, *La terre et les morts, op. cit.*, p. 20-21.

12. Je souligne.

13. C'est Barrès qui souligne, cette fois.

14. Tous ces textes de Barrès et bien d'autres sont cités et analysés par Albert Thibaudet, *Trente ans de vie française*, II, *La vie de Maurice Barrès*, Paris, Gallimard, 1921, p. 87-143, ainsi que par Zeev Sternhell, *op. cit.*, *passim.* Dans *Comment être autochtone. Du pur Athénien au Français raciné, op. cit.*, p. 128-134, j'ai pris soin d'évoquer la « Grandeur du Français raciné » entre Barrès, Le Pen et Braudel.

15. Voir Albert Thibaudet, *op. cit.*, p. 127.

16. Marcel Detienne, *Comment être autochtone. Du pur Athénien au Français raciné, op. cit.*, p. 130-131.

17. L'histoire en a été écrite par Michel Lauwers, *Naissance du cimetière. Lieux sacrés et terre des morts dans l'Occident médiéval*, Paris, Aubier, 2005.

18. Michel Lauwers, *op. cit.*, p. 166.

19. *Ibid.*, p. 117-118.

20. *Ibid.*, p. 270.

21. Michel de Certeau, *L'écriture de l'histoire*, Paris, 1975, p. 7-10.

22. *Ibid.*, p. 118.

23. Alphonse Dupront, « Du sentiment national », *in* Michel François (dir.), *La France et les Français*, Paris, Gallimard, « Encyclopédie de la Pléiade », 1972, p. 1467-1468.

24. Paul Ricœur, *La mémoire, l'histoire, l'oubli*, Paris, Seuil, 2000, p. 648-649.

25. Fernand Braudel, *L'identité de la France* (1986, 3 vol.), Paris, Flammarion, 1990 (repris en un volume,

coll. « Mille & une pages », 2000), p. 389, 395, 445. Plus longuement apprécié dans Marcel Detienne, *Comment être autochtone. Du pur Athénien au Français raciné, op. cit.*, p. 138-143.

26. Paul Ricœur, interview dans *Notre Histoire*, n° 180, sept. 2000, p. 7.

27. Benedict Anderson, *L'imaginaire national* (1983), trad. P.-E. Dauzat, Paris, La Découverte, 1996, p. 199.

28. Comme le dit bellement le Manifeste du Front national.

29. Voir Laurence Caillet et Patrick Beillevaire, « Japon, la création continuée », *in* Marcel Detienne (dir.), *Tracés de fondation*, Louvain-Paris, Peeters, 1990, p. 19-29.

30. François Macé, « De l'inscription de l'histoire nationale dans le sol : à la recherche des tombes impériales à partir de la seconde moitié d'Edo », *Japon pluriel*, 3, 1999, p. 173-179 ; « Le *shintô* désenchanteur », *Cipango*, n° hors série, « Mutations de la conscience dans le Japon moderne », 2002, p. 7-70.

31. Charles Malamoud, « Les morts sans visage. Remarques sur l'idéologie funéraire dans le brahmanisme », *in* Gherardo Gnoli et Jean-Pierre Vernant (dir.), *La mort, les morts dans les sociétés anciennes*, Cambridge, Cambridge University Press, 1977, p. 441-453.

32. Jean-Christophe Attias et Esther Benbassa, *Israël, la terre et le sacré* (1998), Paris, Flammarion, 2001, *passim*.

33. Georges Dumézil a écrit une critique juste et élégante de *La cité antique*, dans une réédition, publiée par Albatros/Valmonde éditeur, Paris, 1982, p. 7-30.

34. Voir Marcel Detienne, *Apollon le couteau à la main*, Paris, Gallimard (1998), « Tel », 2009, p. 110-114.

35. Stella Georgoudi, « Commémoration et célébration des morts dans les cités grecques : les rites annuels », *in* Philippe Gignoux (dir.), *La commémoration*, Louvain-Paris, Peeters, 1988, p. 73-89.

IV. FICTIONS DE L'HISTORICITÉ

1. Georges Dumézil, *La religion romaine archaïque*, Paris, Payot, 1966, p. 47. Les « façons romaines de penser l'action » de John Scheid (*Quand faire, c'est croire*, Paris, Aubier, 2005, p. 58-83) ont déployé excellemment tout un jeu de questions qui invitent au travail comparatiste.

2. Johan Huizinga, « A definition of the concept of history » (1920), *in* Raymond Klibansky and H. Paton (dir.), *Philosophy and History*, New York, 1936, p. 1-10.

3. Beaucoup de ces questions sont encore sur la table depuis le projet de « mettre en perspective les régimes d'historicité », publié dans un pamphlet théorique : *Comparer l'incomparable, op. cit.*, p. 61-80.

4. À lire également les travaux de Léon Vander-meersch et de Jean Levi, cités dans Marcel Detienne, *Comparer l'incomparable, op. cit.*, p. 133.

5. Facile à vérifier dans Reinhart Koselleck, *Le futur passé* (1979), trad. J. et M.-C. Hoock, Paris, EHESS, 1990 ; *L'expérience de l'histoire* (1975-1997), trad. A. Escudier, Paris, Seuil-Gallimard, 1997 (même si les deux volumes sont dépourvus d'index) ; Paul Ricœur, *op. cit.* (lui, avec de bons *index*).

6. Ici, ce sont les recherches de John Scheid, dont il a fait connaître des aspects importants dans Marcel Detienne (dir.), *Transcrire les mythologies. Tradition, écriture, historicité*, Paris, Albin Michel, 1994, p. 77-102

7. André Lalande, *Vocabulaire technique et critique de la philosophie* (1926), Paris, PUF, 1960, p. 416.

8. Autour de « Histoire et tradition », Gérard Lenclud a produit des analyses neuves que doivent lire historiens

et ethnologues : « Qu'est-ce que la tradition ? » *in* Marcel Detienne (dir.), *Transcrire les mythologies. Tradition, écriture, historicité, op. cit.*, p. 25-44 ; « History and Tradition », *in* Marie Mauzé (éd.), *Present is Past. Some Uses of Tradition in Native Societies*, Lanham, Oxford, University Press of America, 1997, p. 43-64.

9. Voir Jeffrey A. Barash, *Politiques de l'histoire. L'historicisme comme promesse et comme mythe*, Paris, PUF, 2004.

10. *Op. cit.*, p. 482-498.

11. G. W. F. Hegel, *Leçons sur l'histoire de la philosophie*, I. *La philosophie grecque*, trad. P. Garniron, Paris, Vrin, 1971, p. 22-23 : « la philosophie est précisément cela : être vraiment chez soi — que l'homme soit dans son esprit chez lui en terre natale » (p. 23). Aucune allusion à l'autochtonie athénienne en regard de l'incarnation chrétienne, deux formes mythiques de l'élection, semble-t-il.

12. Paul Ricœur, *op. cit.*, p. 482-483. Les gloses de Ricœur se mêlent dans l'enthousiasme aux mots de Hegel.

13. Par exemple, dans l'article « *Geschichtlichkeit* » (Pascal David) du *Vocabulaire européen des philosophes*, sous la direction de Barbara Cassin, Paris, Seuil-Le Robert, 2004, p. 502-505.

14. Karl Löwith, *Histoire et salut. Les présupposés théologiques de la philosophie de l'histoire* (1983), trad. M.-C. Challiol-Gillet, S. Hurstel et J.-F. Kervégan, Paris, Gallimard, 2002. Y ajouter : « Les racines théologiques de l'interprétation heideggérienne du sens de l'histoire » de Jeffrey A. Barash, *Heidegger et le sens de l'histoire* (2003), trad. S. Taussig, Paris, Galaade Éditions, 2006, p. 173-200.

15. Le livre de François Flahaut, *Adam et Ève. La condition humaine*, Paris, 2007, apporte à une histoire intelligente la dimension d'une anthropologie « générale et philosophique » de grand profit.

16. Analyse excellente par Françoise Monfrin, « Au-

gustin, *La Cité de Dieu* : Temps et cité idéale », *in* Vinciane Pirenne-Delforge et Önhan Tunca (dir.), *Représentations du temps dans les religions*, Liège-Genève, Droz, 2003, p. 183-207.

17. Voir Paul Ricœur, *op. cit.*, p. 472-475 ; 488-495. Ainsi que Jeffrey A. Barash, *Heidegger et le sens de l'histoire*, *op. cit.*, p. 201-232.

18. Il convient de s'y arrêter avec Jeffrey A. Barash, « La Deuxième Guerre mondiale dans le mouvement de l'histoire de l'Être », dans son livre *Heidegger et son siècle. Temps de l'Être, temps de l'histoire*, Paris, PUF, 1995, p. 169-188.

19. Exposé aussi clair que permet l'oubli de l'Être dans Jeffrey A. Barash, *Heidegger et le sens de l'histoire*, *op. cit.*, p. 202-232 (singulièrement, p. 213).

20. À suivre de près dans Paul Ricœur, *op. cit.*, p. 494-495.

21. Bonne approche à nouveau dans Jeffrey A. Barash, *Heidegger et le sens de l'histoire*, *op. cit.*, p. 256-272.

22. En hommage à la lucidité et au courage de l'homme, il faut citer son livre avec son histoire douloureuse : *Ma vie en Allemagne avant et après 1933* (1986), trad. M. Lebedel, Paris, Hachette, 1988, p. 77. Dossier repris par Nicole Parfait, « Heidegger et la politique. Herméneutique et révolution », *Le Cahier du collège international de philosophie*, nº 8, 1989, p. 105-158, qui verrait la « pensée politique » de Martin Heidegger dans la « concrétisation d'une quête ontologique ».

V. L'HISTOIRE NATIONALE :
UNE SINGULARITÉ

1. Pour approcher le « mystère » de la « nation » américaine, et l'étrangeté d'une « identité » également en « crise », comme il se doit, mais pour d'autres raisons, deux livres : Élise Marienstras, *Mythes fondateurs de la nation américaine*, Paris, F. Maspero, 1977 ; Denis Lacorne, *La crise de l'identité américaine*, Paris, Gallimard, 2003.

2. Excellente analyse anthropologique de Jean-François Gossiaux, *Pouvoirs ethniques dans les Balkans*, Paris, PUF, 2002 (« Le modèle valaque », p. 149-170).

3. Et titre du livre-manuscrit conçu, écrit, entre 1942 et 1945 par Lucien Febvre et publié enfin en 1996, aux Éditions Perrin. « Les deux sources du sentiment national en France » (p. 17), au temps où « les Français ne s'aimaient pas ». Dans l'index, on trouve Vigny (Alfred de), non pas Vichy, et Pertharite, roi des Lombards, mais pas Pétain. L'École des Annales a mis les choses au point : Lucien Febvre antisémite ? Réponse d'André Bruguière, *L'École des Annales. Une histoire intellectuelle*, Paris, Odile Jacob, 2006, p. 59-63 (« L'épreuve de l'Occupation ») : « Lucien Febvre n'a aucune sympathie pour l'antisémitisme, *mais il l'accepte comme une réalité dont il faut tenir compte* » (p. 61, je souligne). Un antisémitisme ordinaire, comme l'a dit Badinter.

4. Maurice Barrès, *La terre et les morts, op. cit.* (déjà cité au chapitre 3, « La dette envers les morts »).

5. *Ibid.*, p. 15 (je souligne).

6. *Ibid.*, p. 16.

7. Maurice Barrès, *Scènes et doctrines du nationalisme*, Paris, Plon-Nourrit & Cie, 1925, t. I, p. 118. Voir aussi p. 114. Beaucoup d'autres textes ont été cités et mis en

relation par Tzvetan Todorov, *Nous et les Autres. La réflexion française sur la diversité humaine*, Paris, Seuil, 1989, p. 247-283.

8. Maurice Barrès, *La terre et les morts*, *op. cit.*, p. 21.

9. *Ibid.*, p. 20. Des dizaines de déclarations de la même eau dans les œuvres complètes du même académicien, avec une bonne sélection dans Albert Thibaudet, *op. cit.*, p. 87-143.

10. *La terre et les morts*, *op. cit.*, p. 21-22.

11. *Ibid.*, p. 27.

12. *Ibid.*, p. 23 : méfiance envers les immigrés, les « Français trop récents », mal racinés car « la vérité allemande et l'anglaise ne sont point la vérité française et peuvent nous empoisonner ». (Voir Maurice Barrès, *Mes cahiers*, t. II, p. 86.)

13. Pierre Nora, « L'*Histoire de France* de Lavisse », *in* Pierre Nora (dir.), *Les lieux de mémoire*, II, Paris, Gallimard, « Quarto », 1997, p. 851-891 (p. 863).

14. Discours cité par Pierre Nora, *ibid.*, p. 854-855.

15. Maurice Barrès, *La terre et les morts*, *op. cit.*, p. 4-8.

16. Pierre Nora, « L'*Histoire de France* de Lavisse », *in* Pierre Nora (dir.), *Les lieux de mémoire*, II, *op. cit.*, p. 851-854. Le même historien « au second degré » note (p. 891) : « Il a fixé les images fortes et tendu, définitif, le miroir où la France n'a plus cessé de se reconnaître. »

17. Pierre Nora, « Lavisse, instituteur national », *in* Pierre Nora (dir.), *Les lieux de mémoire*, I, *op. cit.*, p. 239-273.

18. Jacques et Mona Ozouf, « *Le tour de la France par deux enfants* », *in* Pierre Nora (dir.), *Les lieux de mémoire*, I, *op. cit.*, p. 277-301.

19. Claude Billard et Pierre Guibbert, *Histoire mythologique des Français*, Paris, Galilée, 1976. Un an plus tard, il y aura Edmond Marc Lipiansky, *L'identité française. Repré-*

sentations, mythes, idéologies, La Garenne-Colombes, Éditions de l'Espace européen, 1991, et, résolument critique, *Le mythe national. L'histoire de France en question*, Paris, Les Éditions ouvrières, 1990 (2ᵉ éd.), l'excellent livre de Suzanne Citron.

20. Alphonse Dupront, « Du sentiment national », *in* Michel François (dir.), *op. cit.*, p. 1440-1472 (je dois souligner).

21. Maurice Barrès, *La terre et les morts, op. cit.*, p. 20.

22. Alphonse Dupront, « Du sentiment national », *in* Michel François (dir.), *op. cit.*, p. 1468.

23. *Ibid.*, p. 1450 (je souligne).

24. *Ibid.*, p. 1472 (je dois à nouveau souligner).

25. Jeffrey A. Barash, *Politiques de l'histoire. L'historicisme comme promesse et comme mythe, op. cit.*, p. 117-136 (« Ranke et Treitschke : historiographies de la nation allemande »). On lira aussi Karl H. Metz, « Historiography as Political Activity : Heinrich von Treitschke and the Historical Reconstruction of Politics », *in* Peter Koslowski (éd.), *The Discovery of Historicity in German Idealism and Historism*, Springer, 2005, p. 98-111.

26. Un grand livre : Édouard Conte et Cornelia Essner, *La quête de la race. Une anthropologie du nazisme*, Paris, Hachette, 1995.

27. Édouard Conte a écrit le chapitre VI de *La quête de la race* : « Au terme de l'horreur. La "Collection de squelettes juifs" de l'"Université du Reich" de Strasbourg », *op. cit.*, p. 231-262, qu'il faut lire d'un bout à l'autre.

28. *Ibid.*, p. 251.

29. Questions déployées et débattues dans le volume collectif : *Devant l'histoire. Les documents de la controverse sur la singularité de l'extermination des Juifs par le régime nazi* (1987), Paris, Éditions du Cerf, 1988, *passim.*

30. Il s'agit de Fred E. Schrader, « Comment une his-

toire nationale est-elle possible?», *Genèses*, 14, janv. 1994, p. 153-163. Un des rares textes critiques qui posent clairement une question d'importance : peut-on, honnêtement, écrire une *histoire nationale* sans nationalisme? On appréciera, par exemple, la réaction de Pierre Nora, «La nation sans nationalisme» dans «Le temps réfléchi», *Espaces Temps. Les Cahiers*, 59/60/61, 1995, p. 66-69.

31. Fernand Braudel, *op. cit.* Je m'y suis intéressé davantage dans mon livre *Comment être autochtone. Du pur Athénien au Français raciné*, *op. cit.*, p. 139-144, à propos des retombées sur le devenir du «Français de souche» de l'extrême droite et la réception du livre de Braudel dans les milieux du Front national. Une enquête à suivre dans les cercles du très neuf «ministère de... l'Identité nationale» (2007).

32. Très forte dans ce livre de retour au village pour un historien affirmant, en ouverture, que «l'historien [...] n'est de plain-pied qu'avec l'histoire de son propre pays» (Fernand Braudel, *op. cit.*, p. 10) et demandant à ses compatriotes de ne pas se laisser «exproprier» de leur propre histoire (*ibid.*, p. 15).

33. Maurice Barrès, *La terre et les morts*, *op. cit.*, p. 13-15. «Je suis lorrain» précède l'évocation des jeunes morts de Metz et de Strasbourg et le deuil de la France-Patrie, la France «civilisatrice», spoliée par l'Allemagne, «plus cruelle que les peuples orientaux qui coupent les oliviers et comblent les puits» (p. 19).

34. Philippe Contamine, «Mourir pour la patrie. xe-xxe siècle», *in* Pierre Nora (dir.), *Les lieux de mémoire*, II, *op. cit.*, p. 1673-1698 (je souligne). Les questions sont là, à fleur de texte : quel sens pourrait avoir dans le Japon du «Yasukuni», entre 1869 et aujourd'hui (voir Philippe Pons, «Au Japon, on ne badine pas avec la patrie», *Le Monde*, 4 avril 2008), la représentation médiévale d'un «État» défini comme «corps mystique» pour

lequel « se sacrifier » chrétiennement confine au « martyre » dans une « culture » où, longtemps, seule fut « sainte » la mort du « croisé » ? Tous les termes entre guillemets sont là pour problématiser.

35. Armand Frémont, « La terre », *in* Pierre Nora (dir.), *Les lieux de mémoire*, III, *op. cit.*, p. 3047-3080 (p. 3061, pour la citation).

36. « Mémoires comparées », *Le Débat*, 78, 1994.

37. *Ibid.*, p. 3-4 (Pierre Nora).

38. Je me permets de renvoyer à *Comparer l'incomparable*, *op. cit.*, p. 29-30 ; p. 41.

39. « Mémoires comparées », *op. cit.*, p. 187-191 (Pierre Nora, « La loi de la mémoire »).

40. *Ibid.*, p. 189-190.

41. André Burguière, « La problématique de la singularité française », *in* Hans Boll-Johansen (éd.), *L'identité française*, Akademisk Verlag, 1989, p. 50-61 ; et André Burguière et Jacques Revel (dir.), *Histoire de la France*, I (1989), Paris, Seuil, 2000, p. 7-31. Citées respectivement : « Problématique » et « Préface ».

42. Paul Ricœur, *op. cit.*, p. 173-175.

43. André Burguière et Jacques Revel, « Préface », *op. cit*, p. 8.

44. André Burguière, « Problématique », *op. cit.*, p. 56.

45. Alphonse Dupront, « Du sentiment national », *in* Michel François (dir.), *op. cit.*, *passim.*

46. André Burguière, « Problématique », *op. cit.*, p. 51 (je souligne).

47. *Ibid.*, p. 52 et 59.

48. *Ibid.*, p. 56 (dans les pas d'Eugen Weber).

49. *Ibid.*, p. 51.

50. Après Dupront, voir Philippe Joutard, « Une passion française : l'histoire », *in* André Burguière et Jacques Revel (dir.), *Histoire de la France*, III (1993), Paris, Seuil, 2000, p. 301-394.

51. André Burguière, « Problématique », *op. cit.*, p. 60.
52. Publiée dans *Médium*, juillet-septembre 2005, p. 22-31 (il faudrait tout citer).
53. « Malaise dans l'identité historique », *Le Débat*, 141, 2006, p. 48-52.

VI. DU MYSTÈRE AU MINISTÈRE, LA HONTE RÉPUBLICAINE

1. Pour la vache « fondamentale » en Inde, lire l'excellent Jackie Assayag, *L'Inde. Désir de nation*, Paris, Odile Jacob, 2001 (en particulier p. 89-133).
2. Voir à la fois Pierre Smith, « La nature des mythes », *Diogène*, n° 82, avril-juin 1973, p. 91-108, et Dan Sperber, *La contagion des idées. Théorie naturaliste de la culture*, Paris, Odile Jacob, 1996, *passim*.
3. Jean-Christophe Attias et Esther Benbassa, *op. cit.*, p. 32.
4. Voir Philippe Veitl, « Territoires du politique. Lectures du "Tableau politique" d'André Siegfried », *Politix*, n° 29, 1995, p. 103-122 (de la géographie de Vidal de La Blache à la sociologie électorale de Siegfried).

DU MÊME AUTEUR

HOMÈRE, HÉSIODE ET PYTHAGORE, POÉSIE ET PHILOSOPHIE DANS LE PYTHAGORISME ANCIEN, Bruxelles, coll. « Latomus », t. LVII, 1962.

DE LA PENSÉE RELIGIEUSE À LA PENSÉE PHILOSOPHIQUE. LA NOTION DE DAÏMÔN DANS LE PYTHAGORISME ANCIEN, Paris, Les Belles Lettres, 1963.

CRISE AGRAIRE ET ATTITUDE RELIGIEUSE CHEZ HÉSIODE, Bruxelles, coll. « Latomus », t. LVIII, 1963.

LES MAÎTRES DE VÉRITÉ DANS LA GRÈCE ARCHAÏQUE, Paris, Maspero, 1967 ; nouvelle éd. avec postface, coll. « Pocket-Agora », 1994 ; « Livre de Poche », Paris, 2006.

LES JARDINS D'ADONIS. LA MYTHOLOGIE DES AROMATES EN GRÈCE, Paris, Gallimard, 1972 ; nouvelle éd. revue et corrigée avec postface, 1989 ; « Folio histoire », Paris, 2007.

LES RUSES DE L'INTELLIGENCE. LA MÈTIS DES GRECS (en collaboration avec Jean-Pierre Vernant), Paris, Flammarion, 1974 ; coll. « Champs », 1978 ; 1999 ; 2009.

DIONYSOS MIS À MORT, Paris, Gallimard, 1977 ; coll. « Tel », 1998 ; 2008.

LA CUISINE DU SACRIFICE EN PAYS GREC (en collaboration avec Jean-Pierre Vernant *et al.*), Paris, Gallimard, 1979 ; 2006.

L'INVENTION DE LA MYTHOLOGIE, Paris, Gallimard, 1981 (éd. revue, 1987) ; coll. « Tel », 1992 ; 1998.

DIONYSOS À CIEL OUVERT, Paris, Hachette, 1986 ; coll. « Pluriel », 1998 ; 2008.

L'ÉCRITURE D'ORPHÉE, Paris, Gallimard, 1989 (épuisé) ; devenu *The Writing of Orpheus. Greek Myth in Cultural Context* ; transl. by Janet Lloyd, The Johns Hopkins University Press, Baltimore, 2003.

LA VIE QUOTIDIENNE DES DIEUX GRECS (en collaboration avec Giulia Sissa), Paris, Hachette, 1989 ; 1993 ; 2006.

APOLLON, LE COUTEAU À LA MAIN, Paris, Gallimard, 1998, coll. « Tel », 2009.

COMMENT ÊTRE AUTOCHTONE. DU PUR ATHÉNIEN AU FRANÇAIS RACINÉ, Paris, Seuil, 2003.

LES GRECS ET NOUS. UNE ANTHROPOLOGIE COMPARÉE DE LA GRÈCE ANCIENNE, Paris, Perrin, 2005, « Tempus », 2009.

LES DIEUX D'ORPHÉE, Paris, Gallimard, « Folio histoire », 2007.

OÙ EST LE MYSTÈRE DE L'IDENTITÉ NATIONALE ?, Paris, Panama, 2008.

COMPARATIVE ANTHROPOLOGY OF ANCIENT GREECE, Center of Hellenic Studies, Harvard University Press, 2009.

COMPARER L'INCOMPARABLE. OSER EXPÉRIMENTER ET CONSTRUIRE, Paris, Seuil, « Points-Essais », 2009.

Ouvrages collectifs

LES SAVOIRS DE L'ÉCRITURE. EN GRÈCE ANCIENNE, sous la dir. de M. Detienne, Lille, Presses Universitaires de Lille, 1988.

TRACÉS DE FONDATION, sous la dir. de M. Detienne, Louvain-Paris, Peeters, 1990.

TRANSCRIRE LES MYTHOLOGIES. TRADITION, ÉCRITURE, HISTORICITÉ, sous la dir. de M. Detienne, Paris, Albin Michel, 1994.

LA DÉESSE PAROLE. QUATRE FIGURES DE LA LANGUE DES DIEUX (INDE, CÉLÈBES-SUD, GÉORGIE, CUNA DE PANAMA), sous la dir. de M. Detienne et G. Hamonic, Paris, Flammarion, 1994.

DESTINS DE MEURTRIERS, sous la dir. de M. Cartry et M. Detienne, Paris, École pratique des hautes études, coll. « Systèmes de pensée en Afrique noire », 1996.

QUI VEUT PRENDRE LA PAROLE ?, sous la dir. de M. Detienne, Paris, Seuil, 2003.

DANS LA COLLECTION FOLIO/HISTOIRE

142 Raul Hilberg: *La destruction des Juifs d'Europe, tome I.*

143 Raul Hilberg: *La destruction des Juifs d'Europe, tome II.*

144 Raul Hilberg: *La destruction des Juifs d'Europe, tome III.*

145 Léon Poliakov: *Auschwitz.*

146 Javier Teixidor: *Le Judéo-christianisme.*

147 Lucien Bianco: *Les origines de la révolution chinoise 1915-1949.*

148 Olivier Pétré-Grenouilleau: *Les traites négrières (Essai d'histoire globale).*

149 Marcel Detienne: *Les jardins d'Adonis (La mythologie des parfums et des aromates en Grèce).*

150 Marcel Detienne: *Les dieux d'Orphée.*

151 Jules Michelet: *Histoire de la Révolution française I vol. 1.*

152 Jules Michelet: *Histoire de la Révolution française I vol. 2.*

153 Jules Michelet: *Histoire de la Révolution française II vol. 1.*

154 Jules Michelet: *Histoire de la Révolution française II vol. 2.*

155 Georges Corn: *Le Proche-Orient éclaté 1956-2007.*

156 Bino Olivi et Alessandro Giacone: *L'Europe difficile (Histoire politique de la construction européenne)*, nouvelle édition refondue, mise à jour et augmentée.

157 François Hartog: *Évidence de l'histoire (Ce que voient les historiens).*

158 C. Delacroix, F. Dosse et P. Garcia: *Les courants historiques en France (xixe-xxe siècle).*

159 Israel Finkelstein et Neil Asher Silberman: *Les rois sacrés de la Bible (À la recherche de David et Salomon).*

160 Anne Applebaum: *Goulag (Une histoire).*

161 Jérôme Baschet: *L'iconographie médiévale.*

162 Bronislaw Baczko: *Politiques de la Révolution française.*

Composition Interligne.
Impression CPI Bussière
à Saint-Amand (Cher), le 19 avril 2010.
Dépôt légal : avril 2010.
Numéro d'imprimeur : 101278/1.
ISBN 978-2-07-043754-2./Imprimé en France.